D0873610

LA MAGIA

DE LAS PIEDRAS
Y LOS CRISTALES

La Autora

Migene González-Wippler nació en Puerto Rico y es licenciada en Psicología y Antropología por las universidades de Puerto Rico y Columbia. Ha trabajado como redactora científica para la Interscience Division de John Wiley, el Instituto Americano de Física, el museo de Historia Natural Americano de Nueva York, y como redactora de inglés para las Naciones Unidas en Viena.

Correspondencia a la Autora

Para contactar o escribir a la autora, o si desea más información sobre este libro, envíe su correspondencia a Llewellyn Worldwide para ser remitida a la autora. La casa editorial y la autora agradecen su interés y comentarios en la lectura de este libro y sus beneficios obtenidos. Llewellyn Worldwide no garantiza que todas las cartas enviadas serán contestadas, pero si le aseguramos que serán remitidas a la autora.

Favor escribir a:

Migene González-Wippler
Llewellyn Español
2143 Wooddale Drive, Dept. 0-7387-0901-8
Woodbury, MN 55125, U.S.A.

Incluya un sobre estampillado con su dirección y $US1.00 para cubrir costos de correo. Fuera de los Estados Unidos incluya el cupón de correo internacional. Muchos de los autores de Llewellyn poseen páginas en la Internet con más información. Por favor visite nuestra página:

http://www.llewellynespanol.com

LA MAGIA

DE LAS PIEDRAS
Y LOS CRISTALES

MIGENE GONZÁLEZ-WIPPLER

Llewellyn Español
Woodbury, Minnesota, U.S.A.

SEGUNDA EDICIÓN: 2006
primera impresión

Coordinación, diseño y edición: Edgar Rojas
Diseño de la cubierta: Ellen Dahl

Library of Congress Cataloging-in-Publication Data (Pending)
Biblioteca del Congreso. Información sobre esta publicación (Pendiente)

ISBN-13: 978-0-7387-0901-7
ISBN-10: 0-7387-0901-8

Llewellyn Español
Una división de Llewellyn Worldwide, Ltd.
2143 Wooddale Drive, Dept. 0-7387-0901-8
Woodbury, MN 55125-2989 USA
Impreso en los Estados Unidos de América

En el alma de las piedras está el
origen de todo lo que existe.

Tabla de contenido

El origen de las piedras y los cristales

En términos geológicos, tanto los cristales como las piedras están catalogados como minerales, pero no todos los minerales son piedras o cristales; sólo aquellos que tienen una estructura atómica específica que forma un patrón cristalino. Como todo lo que existe, los cristales y las piedras están formados de partículas minúsculas llamadas átomos. Éstos son los bloques invisibles que componen la materia y a la vez están formados de otras partículas aún más pequeñas llamadas protones, electrones y neutrones. Cuando estas partículas son observadas minuciosamente, es fácil percibir que más que materia son vibraciones infinitamente sutiles las cuales están en una armonía perfecta con la fuerza cósmica que rige el universo.

El mundo material que nos rodea está formado de diferentes variaciones y combinaciones de estas partículas. La forma en que los átomos se unen con otros átomos determina la formación de las moléculas que componen los diferentes aspectos de la materia.

En el reino de los cristales y las piedras existen siete familias o tribus, cada una tiene su propia estructura geométrica y molecular de la cual se forman cristales y piedras individuales. Éstos manifiestan visiblemente tanto sus características geométricas como su composición molecular

Las siete familias o tribus son las siguientes:

1. El sistema isométrico o cúbico (el fluorito)

2. La forma tetragonal, de cuatro lados (el wulfenito)

3. La forma hexagonal, de seis lados (la esmeralda)

4. La forma trigonal, de tres lados (el cuarzo)

5. La forma orthorómbica u oblongada (el topacio)

6. La forma monoclínica, unilateralmente inclinada (el azurito)

7. La forma triclínica, trilateralmente inclinada (la turquesa)

Todo cristal o piedra tiene la capacidad de recibir, contener, emanar, reflejar y refractar la luz, la cual es la forma de energía más perfecta que existe en el universo. Cuando un cristal, o cualquier objeto material, es estudiado a fondo en su estructura atómica, es fácil comprender cómo toda manifestación física no es sino una variación vibratoria de la esencia primordial que lo ha creado todo. Cuando la visión consciente de un ser humano se expande de este modo, las limitaciones mentales transcienden y las puertas de otras dimensiones y planos más elevados se abren a esa persona. Debido a su extraordinaria capacidad de armonizar con la luz del infinito, los cristales y las piedras nos pueden ayudar a expandir nuestra visión interna y de esta manera unificarnos con la fuerza creadora del universo.

La diferencia entre cristales y piedras está en su estructura molecular. De acuerdo con la familia o tribu a la que pertenece un mineral, su apariencia física puede ser transparente u opaca. Cuando es transparente, se conoce como cristal, si es opaco, se le conoce como piedra. En la joyería muchas de las llamadas piedras preciosas y semi-preciosas son en realidad cristales, tales como el diamante, la esmeralda, el rubí y la amatista, la cual pertenece a la familia de los cuarzos. Piedras son todas aquellas que son opacas o densas como el ágata, el ojo de tigre, el jasper y la piedra de la sangre.

Casi todas las piedras y cristales son creadas por la adición repetida de nueva materia a una masa cristalina. Algunos de estos minerales tienen su origen en el magma o gases hirvientes del interior de la tierra o en los ríos de lava volcánica que surcan la superficie de la tierra. Entre estos minerales, conocidos como magmáticos o ígneos, está la familia de los cuarzos. Se forman a través de la solidificación de la lava cuando se enfría y se endurece.

Otros cristales se forman del vapor que se acumula en las aperturas de las regiones volcánicas. Este tipo de cristal se condensa según como los gases escapen del interior de la tierra hacia la superficie. Algunos cristales se forman de soluciones de agua o crecen con la ayuda de ciertos organismos cerca de la superficie terrestre. Éstos se conocen como minerales sedimentarios. El aire, el agua, el viento y el hielo son los factores de erosión más importantes en la disolución de ciertas sustancias que existen en el terreno y las cuales eventualmente se cristalizan formando otro tipo de piedra o cristal.

Por último, nuevos minerales se forman por la recristalización de minerales viejos, bajo la tremenda presión y elevadas temperaturas existentes en las zonas internas de la tierra. Estos minerales se conocen como metamórficos porque son creados a través de un cambio estructural y químico. Un ejemplo de un mineral o cristal metamórfico es el granate.

Nadie sabe el tiempo que se toma un cristal o piedra en formarse. Algunos geólogos creen que el proceso dura miles de años, mientras que otros opinan que cuando los elementos están listos, un cristal o piedra puede formarse en un instante.

Hay dos tipos principales de depósitos minerales en los cuales las piedras y cristales se encuentran y se minan. El primer tipo es el que se encuentra en ricas venas en la tierra, que son como especie de canales o espacios entre las rocas a través de los cuales soluciones minerales son depositadas y cristalizadas. Los cristales que crecen en estas venas son fáciles de minar y cualquiera puede sacarlos usando instrumentos simples como un martillo y un cincel. Hay minas de cuarzo en Arkansas y Arizona donde cualquier persona puede entrar y sacar todos los cristales que encuentre. Cuando la operación minera es más grande se utilizan poderosos explosivos y extensos equipos. Grandes cantidades de cristales pueden encontrarse en sitios huecos adentro de la tierra donde existe suficiente espacio para el desarrollo de minerales. A veces, es necesario seguir el curso de una vena hacia las profundidades de la tierra, lo que requiere el uso de taladros especiales.

El segundo método de minería se utiliza para recobrar cristales o piedras los cuales están concentrados en depósitos en las cuencas de los ríos. Estos depósitos se componen de fragmentos de venas descompuestas y pueden contener maravillas cristalinas como el diamante o el topacio. El método más común de minar estos depósitos es sacudiendo grandes cedazos llenos de guijarros del río entre los que se encuentran cantidades de diversos cristales. Este proceso se lleva a cabo manteniendo el cedazo bajo el agua hasta separar los guijarros de los cristales. Una vez que se han separado es fácil ver los cristales los cuales se sacan entonces del cedazo. Este tipo de minería se hace generalmente en pequeña escala, pero el proceso se puede duplicar para ser utilizado en operaciones mineras más grandes.

Algunos cristales son cortados, formados y pulidos por artistas lapidarios, los cuales se especializan en realzar la calidad, el lustre y el color de una piedra o cristal. La mayor parte de las piedras transparentes como los diamantes, rubíes, esmeraldas y aquamarinas, son cortadas en facetas, es decir, en diferentes ángulos para realzar las propiedades físicas y ópticas de la piedra. Cada faceta le permite a la piedra capturar más luz, la cual es reflejada interiormente, destacando de esta manera su profundidad y color.

Algunas piedras son cortadas en forma aglobada con una base plana. Esta forma se conoce como cabachón y permite a muchas piedras semipreciosas o imperfectas, como el granate, aclarar su color y aumentar de este modo su valor.

Las piedras más pequeñas y más crudas pueden ser pulidas revolviéndolas con arena en una máquina especial que da vueltas alrededor de cuarenta revoluciones por minuto. El proceso de pulimento puede durar entre cinco y ocho semanas, dependiendo de la dureza de las piedras. Este tipo de pulimento aumenta la belleza y la radiancia de las piedras, las cuales sin este proceso serían ignoradas o poco apreciadas. Las piedras pulidas con este método, entre las que está el cuarzo rosa, son lo suficientemente pequeñas para cargarse, son hermosas como regalos o como joyas y baratas como para estar al alcance de cualquier bolsillo.

2

Los cristales en la antigüedad

A través de los siglos muchas culturas y civilizaciones han utilizado los cristales y las piedras por muchas y diferentes razones. Estos conocimientos han llegado a nosotros a través de leyendas, papiros, tabletas de barro, inscripciones y jeroglíficos descubiertos por antropólogos y arqueólogos en distintas partes del mundo. El uso de piedras en amuletos y talismanes se remonta a tiempos muy antiguos. Los egipcios también creían en la eficacia de las piedras y cristales para la curación de muchas enfermedades. Uno de los manuscritos terapéuticos más completos es el famoso *Papiro Ebers*, que data del año 1500 a. de C. el cual fue descubierto en Egipto a principios de este siglo. En este manuscrito se encuentran recetas detalladas sobre la curación de varias enfermedades utilizando el poder de ciertas piedras.

Otras civilizaciones antiguas que creían en el poder de las piedras y cristales fueron los griegos y los romanos. Uno de los más famosos textos sobre la historia de las piedras se conoce como *Cysianides* y data de la antiquísima Escuela Alejandrina de Grecia. En Roma los historiadores Plinio y Solinus también escribieron textos sobre el uso de las piedras. De todos estos antiguos manuscritos el más famoso data de la edad media. Se titula *La Historia de las Joyas* y fue escrito por Alberto Magno, quien vivió alrededor de 1200 a. de C. Este texto influenció a muchos alquimistas en sus estudios sobre la energía de las piedras.

En el antiguo Egipto, las leyendas de las piedras fueron trazadas en jeroglíficos, especialmente en el famoso papiro conocido como *El Libro de los Muertos*. Muchas de las piedras usadas por los egipcios como amuletos o talismanes eran esculpidas con forma de animales, de corazones o de ojos, tal vez como protección contra el mal de ojos. Entre las piedras más populares entre los egipcios estaba el lapis lázuli, el jade, el ámbar, la turquesa, el jasper, la carnelia, el ojo de tigre y la amatista. Se utilizaban, no sólo como adorno, sino en amuletos, copas, armaduras y distintos utensilios.

Los egipcios preferían las llamadas piedras semipreciosas a las preciosas, tales como el diamante, el rubí o la esmeralda. El jade, por ejemplo, era preferido al diamante y en muchos de sus intercambios comerciales, utilizaban el jade como moneda.

Las propiedades místicas y espirituales de las piedras fueron reconocidas y utilizadas también por las civilizaciones orientales, tales como las de la China, el Tíbet y el Norte de la India. Estas culturas usaban las piedras, no sólo como amuletos y como agentes curativos, sino también como ayuda en el desarrollo espiritual. Las piedras rojas, como el rubí y el granate, eran utilizadas para curar enfermedades y como protección contra el fuego y el mal tiempo, mientras que las piedras azules y violetas, como la turquesa y la amatista, eran asociadas con la fe y la virtud. Las piedras amarillas, como el topacio, se usaban para atraer la felicidad y la prosperidad, mientras que las piedras verdes, como el jade y la esmeralda, se usaban para la fertilidad y la fuerza. Estas piedras-amuletos se colgaban al cuello de los niños para protegerlos de todo tipo de peligros y a la vez, para desarrollar en ellos respeto y obediencia a sus padres. Cuando un niño nacía, se celebraba una ceremonia similar al bautismo cristiano y se le asignaba una piedra natal según su signo zodiacal.

Estas culturas orientales, igual que los egipcios, favorecían al lapis lázuli para alcanzar la sabiduría, la piedra de la Luna (moonstone) para atraer el amor, la carnelia para el poder y el jade para la fertilidad.

En el África antigua, las cuentas de piedras semipreciosas se usaban para atraer el valor, la sabiduría, en ritos de fertilidad, en nacimientos y entierros, y para ayudar en la caza. Ciertas piedras se utilizaban para identificar a una familia y otras como monedas en intercambios comerciales. Ciertas tribus del desierto del norte de África acostumbraban trenzar sus cabellos entrelazándolos con carnelias, ámbar y pedazos de huesos los cuales simbolizaban su dinastía familiar. La riqueza de una familia era juzgada de acuerdo con la cantidad de cuentas de piedras usadas por las mujeres de la familia. Mientras más cuentas usaban, más rica era la familia. Entre las piedras más populares estaban el ágata, el amazonita, la serpentina, la malaquita y el lapis lázuli.

En el libro de Éxodo, en La Biblia, está escrito que Aarón, el hermano de Moisés y gran sacerdote de los hebreos, usaba una armadura de pecho durante los ritos sagrados a Jehová, la cual estaba incrustada con doce piedras semipreciosas. Éstas supuestamente otorgarían poderes divinos a Aarón mientras usara la armadura. El historiador hebreo Josephus dijo en uno de sus libros que las piedras incrustadas en la armadura de Aarón representaban amor, sabiduría, verdad, justicia, paz, equilibrio, humildad, poder, fe, alegría, comprensión y victoria.

Las piedras también simbolizaban las ideas religiosas de los hebreos y su fe en la Gloria de Dios expresada en la visión de Ezequiel, la cual comparaba el trono de Jehová a un zafiro. En el *Libro de Enoch*, uno de los libros apócrifos de La Biblia, el patriarca Enoch describe en una de sus visiones el palacio de Dios como formado todo de cristal. En el libro de Revelaciones, San Juan compara la Gloria de Dios a piedras de muchos colores. Estudios recientes indican que el zafiro mencionado en la visión de Ezequiel es en realidad un lapis lázuli. Esta piedra, extraordinariamente venerada por los antiguos, se conocía como Chesbet entre los egipcios y era usada siempre por sus altos sacerdotes para quienes simbolizaban la Verdad de Dios.

En la India existen textos escritos en sánscrito sobre astrología que datan del año 400 a. de C., donde se describe en detalle el origen y el uso de las piedras. Las personas que tenían mala suerte o que temían ser embrujadas usaban combinaciones de varias piedras para anular estas influencias negativas. Entre los grupos de piedras más populares estaba el rubí, el jade y la amatista. Estas creencias son la base de las triplicidades astrológicas modernas.

Durante la Edad Media, los alquimistas utilizaban el poder de las piedras en todo tipo de curaciones. La alquimia dominó la práctica de la medicina durante esta época y eventualmente fue la base de la química moderna. Algunos alquimistas se dedicaron a la transformación de los metales y la materia. Una de las creencias básicas de la alquimia era que todos los metales poseían una esencia básica y que si se mezclaba un metal crudo con otro mineral resultaba en la transformación de un metal más puro, como el oro, el cual era considerado el más elevado producto de la naturaleza y como tal, representaba al ser humano. Una de las más importantes contribuciones de los alquimistas fue el probar la dureza del diamante, al que llamaron Adamus, la piedra más perfecta que existe.

Tanto los Mayas como los Aztecas, los Incas y tribus de indios norteamericanos como los Sioux, Hurok y Cochise, utilizaron los cristales y las piedras tanto en la diagnosis como en el tratamiento de enfermedades. Las tribus amerindias utilizaban el cuarzo blanco en ceremonias especiales durante las cuales los Mayores de la tribu leían el futuro en el cuarzo. En México, los Aztecas creían que cuando una persona vivía una vida ejemplar su alma al morir iba a habitar dentro de un cuarzo blanco. Si alguien encontraba el cristal, el espíritu dentro del cuarzo le hablaba directamente al corazón, le sanaba de toda enfermedad y le convertía todos sus sueños en realidad.

3

El uso de los cristales en la tecnología moderna

Las diferentes culturas y civilizaciones han utilizado el poder de las piedras y los cristales en infinidad de formas y con distintos objetivos. En nuestra tecnología moderna los cristales también se utilizan para transmitir y amplificar energías. pero a través de métodos más avanzados. Cristales de rubí, tanto naturales como hechos por el hombre, se usan en los rayos láser en la cirugía microscópica. Anualmente se minan miles de toneladas de cuarzos que son triturados para ser utilizados en distintos campos científicos. El cristal de cuarzo se usa en relojes, radios, computadoras, televisores y equipos de telecomunicación.

Alrededor de 1940, investigadores científicos descubrieron que si se le añadían átomos de otras sustancias a un cristal de cuarzo se podía crear de este modo un aparato de transmisión. Esta forma de transmisión fue utilizada en la radio para ampliar sus señales eléctricas, y al ser recibidas por un cristal piezo eléctrico crearon el sonido. La invención de este aparato eliminó el uso de los tubos en la radio. El transmisor abrió las puertas a la telecomunicación moderna.

Por muchos años todo tipo de información o sonido, incluyendo la voz humana, tenía que ser convertida en una onda eléctrica llamada análoga antes de ser transmitida. En los últimos veinte años, el transmisor evolucionó hasta conocerse como tecnología de computadoras digitales. Hoy en día toda información o sonido se convierte al lenguaje de la computadora a través de ciertos códigos. Esto permite que la transmisión sea exacta y fiel al sonido. Todo esto ha sido posible a través de pedacitos de silicón hechos de cuarzo, los cuales tienen la capacidad de archivar, recibir y transmitir información. Estos pedacitos de silicón son semiconductores o circuitos integrados, capaces de transformar una onda eléctrica de análoga a digital y de digital a análoga, llevando la información deseada a cualquier tipo de recibidor.

Sin el cuarzo no tendríamos computadoras, equipos electrónicos, hornos de microondas, cajas registradoras electrónicas, igniciones electrónicas de autos y muchos otros artefactos que nos hacen la vida mucho más fácil. Y éste es sólo el comienzo.

Pero los cristales tienen otros usos de tanta, o tal vez de mayor, importancia al que se les da en la tecnología. Uno de estos usos es el de la expansión de la conciencia humana y la exploración de los recesos interiores de la mente.

En su gran mayoría la humanidad ha estado por siglos limitada a un mundo tri-dimensional. Hasta el siglo XIX la existencia humana se revolvía alrededor de la necesidad de conseguir alimento, albergue y ropa para el individuo y su prole. La expansión mental sólo estaba al alcance de aquellos que no tenían que preocuparse por sus más básicas necesidades. Físicamente, el siglo veinte nos ha progresado de una era agraria e industrial al mundo revolucionario de la tecnología moderna. Espiritualmente, la llamada Nueva Era, nos trae el despertar de nuestros talentos y habilidades psíquicas, incitándonos a un desarrollo mental y espiritual.

Debido a las exigencias de nuestras sociedades modernas, de las tensiones, del deseo de adquirir posesiones materiales, de la desintegración de relaciones y uniones, y la falta de espacio personal, muchas personas se sienten motivadas a buscar dentro de su propio yo, el santuario interno de una conciencia alerta.

Casi todos nosotros sabemos lo que significa la palabra conciencia o consciente. Casi todos estamos conscientes de todo lo que rodea a nuestro cuerpo y de todas las actividades a nuestro alrededor. La palabra alerta significa estar atento, perceptivo, sensitivo y a tono con nuestro yo interno. Estar conscientemente alerta indica la posesión de una sensitividad especial a todas nuestras condiciones tanto externas como internas. Es el conocimiento, a la vez que el reconocimiento, de nuestros estados consciente y subconsciente.

La mayor parte de los conflictos que una persona enfrenta en su vida son debidos a una barrera entre estos dos estados, los cuales son tan diferentes entre sí como la noche y el día. El subconsciente con su YO intuitivo es considerado ilógico e irracional por nuestra sociedad, mientras que el estado consciente mental es socialmente aceptable. Debido a este juicio social, la mayor parte de las personas reprimen sus facultades intuitivas y escuchan sólo la voz de la razón y la lógica. Pero el subconsciente humano tiene una extraordinaria capacidad para prever, avisar y guiarnos en nuestras decisiones y acciones cotidianas. Esta capacidad está dormida debido a la represión a la que ha sido sometido nuestro subconsciente.

Muchos investigadores creen que los cristales nos pueden ayudar a liberar las áreas de la mente que nos permiten obtener un balance entre el estado consciente y el subconsciente. Entre las funciones múltiples que pueden ejercer los cristales están la interpretación de los sueños, la telepatía, el enfoque poderoso de la mente, la curación de enfermedades, la eliminación de energías negativas y la armonía interna y externa del individuo.

Para poder utilizar el poder de los cristales y de las piedras es necesario conocerlos y saber usarlos. Usarlos sin conocerlos es no sólo una pérdida de tiempo sino de energía.

4

La diferencia entre las piedras y los cristales

La Comisión de Comercio Internacional de los Estados Unidos (The United States International Trade Commission) define como piedras preciosas sólo cuatro tipos de gemas: rubíes, esmeraldas, zafiros y diamantes. Todas las demás se categorizan como semi-preciosas. Piedras "de tierra" como el ágata y la carnelia ni siquiera son mencionadas. Sin embargo, el rubí con falla o una esmeralda imperfecta tiene menos valor monetario que un ópalo o un jade. L. J. Spencer, en su libro *La Llave de las Piedras Preciosas*, define a las piedras semipreciosas como todo mineral que por su color y lustre es atractivo a la vista, a la vez que es suficientemente duro para hacerlo duradero.

Las piedras preciosas son aquellas que tienen las mismas cualidades que las semi-preciosas pero a la vez son raras y difíciles de conseguir. Por ejemplo, los diamantes, los rubíes, las esmeraldas y los zafiros son difíciles de minar mientras que las amatistas y los topacios se minan fácilmente. Si los depósitos de amatista o topacio desaparecieran o amenazaran extinguirse, la amatista y el topacio se convertirían de la noche a la mañana en piedras preciosas.

Es interesante el hecho de que muchos cristales, como el diamante, la esmeralda, el topacio, la amatista y el rubí, son considerados piedras. Sin embargo, las verdaderas piedras, como el ágata, la carnelia, el jasper, el lapis lázuli y la malaquita nunca son consideradas cristales. En el estudio de las piedras y los cristales es necesario saber la diferencia entre unos y otros. Todo lo que hay que recordar es que las piedras son minerales de "tierra": es decir son sólidas, opacas, y en muchos casos, como en el de la malaquita y el jasper, parecen rocas de colores. Y esa es la mejor definición de una piedra. Una piedra es sencillamente una "roca de color". Los cristales son todas las piedras cristalinas o transparentes. A veces son blancas o sin color, como el diamante o el cuarzo blanco, a veces son de colores vibrantes como el granate, el topacio o la esmeralda.

El valor monetario no es lo que nos concierne en este libro sino el poder de la piedra y los usos que se le dan, pero es interesante saber cuál es el valor que se les ha adjudicado en el mercado internacional. He aquí una lista de las piedras en su orden de valor e importancia:

1. Rubí	18. Jade, azabache, aventurina
2. Esmeralda	19. Turquesa
3. Diamante	20. Malaquita, jacinto
4. Zafiro estrella	21. Piedra de la Luna
5. Rubí estrella	(moonstone)
6. Alejandría	22. Ojo de Tigre, obsidio
7. Zafiro	23. Rodocrosito, azurito
8. Ópalo negro	24. Rodonito, calcedonia
9. Ópalo azul	25. Cuarzo rosa
10. Ópalo blanco	26. Citrina
11. Ojo de gato	27. Jasper, amazonita
12. Aquamarina	28. Agata, zircón
13. Topacio, onyx, sardonyx	29. Piedra sangre (bloodstone)
14. Peridot, berilio	30. Carnelia, sodalito
15. Amatista	31. Crisocola
16. Tourmalina, granate	32. Cuarzo blanco
17. Lapis lázuli	

De acuerdo a esta lista, las piedras menos valiosas en el mercado mundial son las llamadas piedras o minerales de tierra y el cuarzo blanco, también conocido como cristal de roca. Sin embargo, son precisamente estas piedras humildes las que nos dan las más enormes cantidades de energía y las que se consideran más importantes en el desarrollo mental y espiritual de una persona.

5

Usos mágicos de las piedras y cristales

En la llamada Nueva Era en la que nos encontramos en este momento, la práctica de la magia y de la meditación está creciendo día a día. De acuerdo con la astrología, estamos entrando en la Era de Acuario. Esto quiere decir que el signo de Piscis, el cual ha regido a la humanidad por dos mil años, va ya de paso. Nuestro nuevo signo regente es Acuario, el cual regirá los destinos del mundo por los dos próximos milenios. ¿Qué quiere decir esto? Todos o casi todos sabemos que después de Piscis viene Aries. ¿Por qué entonces no es Aries el regente de la Nueva Era? Sencillamente porque el cinturón zodiacal da la impresión errónea de que se mueve hacia atrás, en vez de hacia adelante.

La tierra siempre está aparentemente bajo la jurisdicción de un signo zodiacal. Este signo cambia cada dos mil años. Durante su regencia la tierra es influida por las cualidades específicas del signo. Piscis, un signo místico, religioso, sufrido, de sacrificio, visionario, es tipificado por el Cristianismo, el cual tiene características similares. Es interesante, que en los comienzos del Cristianismo su primer símbolo fue el de dos peces entrelazados. Acuario, el signo que comienza a regir ahora y el cual precede a Piscis, es un signo de aire, de gran misticismo y espiritualidad. Su planeta es Urano, el regente del átomo y de la tecnología, la electricidad y el electromagnetismo. Por eso esta Nueva Era se conoce como la Era Atómica, de grandes adelantos tecnológicos, y también como la Era de Acuario, que es la era del misticismo, la espiritualidad y la magia.

Debido a la influencia de Urano, todo lo que tiene que ver con el ocultismo y lo sobrenatural está creciendo en fascinación para la raza humana. Esta influencia continuará creciendo a través de los siglos mientras Acuario rija los destinos humanos. Indudablemente si nos armonizamos con la influencia benéfica y positiva de Acuario vamos a tener grandes desarrollos, tanto mentales como espirituales, pero también tenemos que recordar que Urano, regente de Acuario, es el que controla el átomo y todas las armas nucleares. Si no nos unimos en un esfuerzo global y nos armonizamos con Urano, ésta puede ser fácilmente la última era del planeta tierra. Por eso, es importante meditar y unificarnos con los aspectos radiantes, positivos de Acuario y Urano para de esa manera controlar y absorber sus aspectos negativos y destructivos.

En este esfuerzo, una de las más poderosas y creativas influencias es la de las piedras y los cristales. He aquí, pues, una lista de varias piedras y cristales que se usan en la meditación, en curaciones, en visualizaciones, con las chakras y en todo tipo de magia. La lista incluye las piedras y cristales más populares de la Nueva Era, con una descripción de éstas y sus usos mágicos más comunes.

Ágata: Esta es la piedra más fuerte del reino mineral y la que más se usa en la magia y la meditación. Cuando se necesita fuerza, protección y ayuda, siempre hay un ágata que puede ayudarnos a resolver nuestro problema. Hay muchos tipos de ágatas y muchos colores. Son de la familia del sardo o de la calcedonia y a veces tienen listas, puntos, manchas y bandas de todas clases. En la antigüedad el ágata se usaba para curar enfermedades del estómago. La carnelia y el rhodocrosito son tipos de ágatas. Entre las ágatas se encuentra el ágata india, la cual generalmente tiene la marca de un ojo en el centro. Se utiliza para prevenir accidentes y proteger el cuerpo de todo mal. El ágata de musgo aparenta tener plantas minúsculas en su interior. Puede ser verde o roja. Se utiliza para curar heridas, para prolongar la vida y para todo tipo de limpiezas y para dar fuerza al organismo, especialmente la variedad roja.

El ágata de pluma, muy popular en el suroeste de los Estados Unidos, es rojo fuego y tiene un plumón de yerba adentro, el cual brilla en el centro de la piedra como un Sol. Esta piedra es maravillosa para concentrar las visualizaciones y conseguir de esta manera lo que se desea. Si se carga siempre en el bolsillo se dice que ayuda a conseguir trabajo.

El ágata dendrídica es blanca con lo que aparentan ser estrellas azules o carmelita. Es una piedra de gran protección para los que viajan. El ágata que tiene franjas o listas es usada por personas débiles o extremadamente sensibles ya que les da seguridad personal. Se dice que es también excelente contra todo tipo de enfermedades nerviosas como la ansiedad. El ágata de encaje tiene diseños circulares y se encuentra en diversos colores desde el rojo al rosado y del blanco o amarillo al azul. La más popular es el ágata de encaje mexicana, la cual es de un rojo vibrante. El ágata de encaje no protege, sólo da sostén y fuerza en los problemas de la vida. El ágata de Botswana es una de las más populares de su género y su color es gris violeta con franjas o listas. Es maravillosa para consolar a aquellas personas que están solas o que han perdido a un ser amado.

Alejandría: Esta bella piedra es en realidad un cristal de la familia del crysoberyl. Es una piedra de gran valor por su rareza. El color de la alejandría cambia con la luz, de día es verde o azul-verde y de noche cambia a violeta, rojo o morado. Se dice que de día atrae la buena suerte y el triunfo y de noche el amor y el placer.

Amazonita: El color es translúcido, y puede ser blanca, rosa o azul con una superficie cruzada por finas líneas como de mármol. Se dice que el tipo azul trae esperanza y buena suerte.

Ámbar: Esta no es una verdadera piedra ya que está formada de la resina solidificada de árboles coníferos. En la antigüedad se usaba para sanar dolores de cabeza, de muelas, problemas respiratorios, infecciones y dolores reumáticos. También se quemaba como incienso para purificar el ambiente. Uno de sus mejores usos es como un imán magnético, para atraer todo lo que se desea. Para que el ámbar nos traiga salud y suerte es necesario frotarlo suavemente entre los dedos. Su color varía del amarillo al naranja y del rojo al carmelita.

Amatista: En realidad la amatista pertenece a la familia del cuarzo. Se encuentra en zonas volcánicas y su exquisito color violeta se debe a depósitos de hierro en la tierra. Sus tonos varían del lila más pálido al color púrpura con destellos de color vino. Los griegos llamaron a este cristal amatista, que significa sobriedad, porque creían que ayudaba a dominar el vicio del alcoholismo. Es un símbolo de la dignidad y del poder mental. Todos los obispos católicos cargan una amatista en la mano derecha. La amatista es un cristal de gran poder que protege contra la brujería y todo tipo de hechizos. También es estupenda para desarrollar la intuición y la chakra del tercer ojo, lo cual discutiremos más adelante.

Aquamarina: Este bellísimo cristal azul pálido es una de las joyas más exquisitas que existen. Los romanos le dieron su nombre y significa agua del mar. Era utilizada por los marineros romanos para protegerse contra el mal tiempo y para obtener una buena pesca. Los médicos la usaban para curar enfermedades del estómago y para sacar excesos de líquido del cuerpo. El aquamarina es excelente para calmar los nervios y relajar el organismo.

Aventurina: También conocida como jade indio, la aventurina puede ser verde, azul o roja. Es una espécie de cuarzo el cual contiene pequeños cristales de mica lo que le da a veces una tonalidad iridiscente. La aventurina verde se parece mucho al jade, pero es más oscura. Esta piedra es estupenda para las personas que juegan y para atraer la buena fortuna en los negocios.

Azabache: Esta piedra negro brillante es carbón comprimido. Desde el tiempo de los romanos siempre ha sido una de las piedras negras más populares. Muchos conocen al azabache como ámbar negro. La piedra tiene fama como amuleto contra el mal de ojo, las hechicerías y como protección en viajes largos. El azabache no se debe intercambiar de una persona a otra. Sólo debe ser usado por una persona. En Latinoamérica se usa junto con el coral para proteger los ñiños contra el mal de ojo. Las brujas celtas lo usan en collares alternando una cuenta de ámbar con una de azabache. Estos son símbolos de las reinas brujas y se dice que poseen grandes poderes mágicos.

Azurito: Esta es una piedra azul oscura con porciones de cobre depositadas bajo la superficie. A veces aparece en tonos mezclados del azul verde oscuro al azul negruzco. Los egipcios y los romanos usaban esta piedra para adquirir poderes clarividentes y especialmente para inducir la hipnosis. La piedra es estupenda para tranquilizar los nervios y calmar las tensiones. Para lograr estos beneficios se aconseja frotar la piedra entre los dedos.

Calcedonia: Este es el nombre que se le da a todas las ágatas translúcidas que tienen plumajes, manchas o listas. La más popular de las calcedonias es el ágata de la Luna. La piedra es clara, casi transparente con "copitos de nieve" adentro, es decir con concentraciones de minerales blancos en su interior. Esta piedra es ideal para concentrar el pensamiento y así lograr lo que se desea.

Carnelia: Esta piedra es la más popular de todas las ágatas. Es vidriosa y varía de tono, del color rojo naranja al color salmón, del rojo oscuro al carmelita o canela. Era muy popular en Egipto donde se usaba para dominar a los enemigos. La carnelia sirve para conseguir trabajo, para obtener energías y para la realización de nuestros deseos. Es una piedra que ayuda a consolidar el poder de otras piedras y actúa en cierto modo como un eslabón entre todas. La carnelia da dirección y foco a nuestras esperanzas y las ayuda a convertirse en realidad.

Celestita: Esta bella piedra azul celeste claro tiene destellos plateados y se dice que crea un eslabón permanente y extraordinariamente positivo con el infinito. Se usa en meditaciones y se carga en el bolsillo o la cartera, frotándose a menudo, sobre todo cuando existen dudas o temores.

Coral: Es una joya orgánica, regalo del mar. El coral es el esqueleto de diminutos animales marítimos. Su color puede variar desde el blanco al rosa pálido y del rojo al negro. El coral destruye vibraciones impuras. Los romanos lo colgaban a los cuellos de los niños para protegerlos de enfermedades respiratorias. También lo frotaban en las encías de los infantes para aliviarles el dolor de los dientes cuando éstos estaban comenzando a salir. El coral es excelente para sanar la garganta y fortalecer la voz. Es estupendo como protección de los niños y para atraer el amor y el matrimonio.

Crisocola: Esta bella piedra está formada básicamente de cobre. Su color varía de verde claro a azul profundo. Tiene mucho parecido con la turquesa pero su color es más vibrante. La piedra es excelente para ayudarnos a expresar nuestros sentimientos y por eso se utiliza a menudo en la magia amorosa.

Cuarzo: Este es el mineral de tierra más común y existe en distintas tonalidades como el cuarzo blanco, cristal de roca (cuarzo blanco pulido), cuarzo rosa, cuarzo amarillo o citrinam, cuarzo rutilado (cuarzo blanco con hilos de plata o de oro en interior).

Cuarzo amarillo: Se conoce más comúnmente como citrina. Su color amarillo "quemado" se debe a la presencia de hierro férrico en su interior. La citrina estimula las comunicaciones y ayuda en la proyección de la voz y es muy popular entre cantantes y actores. Toda persona que desea proyectar una imagen positiva y radiante, llena de seguridad propia debe usar una citrina para ayudarla en su objetivo.

Cuarzo blanco: Este cristal es muy popular en collares y sortijas a pesar de ser tan común. Los romanos lo usaban para reducir inflamaciones y fiebres. El cuarzo blanco se identifica con la luz creadora del infinito y por eso es una de las piedras más importantes en la meditación y la respiración que se utilizan en el desarrollo de las chakras.

Cuarzo de humo o ahumado: Este color es debido a la presencia de radioactividad durante la formación del cuarzo. Esto hace al cristal extremadamente magnético y excelente ayuda en el desarrollo de energía mental.

Cuarzo rosa: Esta es una de las variedades de cuarzo más comunes. Fue altamente apreciada en todas las civilizaciones antiguas, incluyendo a los egipcios, los tibetanos y todos los orientales. Los romanos y los egipcios creían que el cuarzo rosa servía para reducir las arrugas y conservar la juventud. Este cristal es excelente para conducir energías positivas y se usa comúnmente en el desarrollo de las chakras.

Cuarzo rutilado: Este cuarzo transparente con sus hilos metálicos se debe cargar dentro del bolsillo o la cartera para generar grandes cantidades de energía tanto físicas como mentales.

Diamante: El rey de las joyas, el diamante no es una piedra sino un cristal. Es el mineral más duro que existe y su brillantez es única en el mundo de las gemas. El diamante es cristal de puro carbón, el elemento que es la fundación de la vida. Se forma bajo condiciones de calor intenso y de fuertes presiones en el interior de la tierra. Si la energía del diamante pudiera ser liberada, el resultado sería una explosión de un poder inimaginable. El único poder del diamante es el de absorber todo tipo de energía, tanto negativa como positiva, y no se usa a menudo en la magia o en la meditación.

De acuerdo con la leyenda, para que un diamante traiga buena suerte tiene que ser regalado nunca comprado por el que lo usa. Para despojar a un diamante de energías negativas, se debe limpiar a menudo sumergiéndolo por lo menos una hora en una solución de agua con una cucharadita de sal sin yodo y una cucharadita de bicarbonato de soda, luego se enjuaga con agua clara. El diamante luce más brillante y se siente más liviano.

Esmeralda: Este hermoso cristal verde es la más famosa joya de la familia del berilio. Su nombre significa verde en persa. Los griegos dedicaron este cristal a la diosa Venus porque creían que se aseguraban de esta forma la felicidad en el amor. En el oriente se creía que la esmeralda daba fortaleza a la memoria y aumentaba la inteligencia. Otras civilizaciones aseguraban que la esmeralda curaba las enfermedades de los ojos y la ceguera. Los Incas adoraban la esmeralda y la consideraban de gran poder mágico. En la Edad Media era usada por las mujeres para asegurar la fidelidad de sus esposos. El color de la esmeralda lo ocasiona la presencia del cromio dentro del berilio. Algunas personas creen que también existe la clorofila dentro de la esmeralda, la cual es la sustancia que le da el color verde a las plantas.

La esmeralda es verdaderamente un cristal de grandes poderes, ya que se dice que ayuda a desarrollar la clarividencia, perfecciona la fluidez de la conversación, a la vez que atrae hacia nosotros el amor y la buena voluntad de los que nos rodean.

Granate: Su nombre proviene del latín "granatus", que significa "como semillas", ya que el granate se encuentra como semilla en muchas rocas. El granate es rojo profundo y es un cristal no una piedra. Existen tipos de granates de otros colores como la almadina, que es naranja o carmelita y el andradito que es verde, pero el color más común es el rojo oscuro. En la antigüedad se creía que el granate ayudaba a reducir las grasas del cuerpo y a curar problemas emocionales. También se usaba para detener hemorragias y debajo de la almohada para evitar las pesadillas. El granate es una excelente piedra para reforzar las energías físicas y mentales y se dice que son estupendos amuletos para atraer el amor y la buena suerte en el juego.

Jade: Esta piedra se encuentra en muchos colores, entre ellos blanco, crema, negro, rosa y el popular tono verde que lo caracteriza. Entre los chinos, el jade es asociado con la sabiduría del mundo del ocultismo y es la piedra más popular en toda China. Los comerciantes antiguos siempre sostenían un jade en la mano derecha cuando hacían todo trámite de negocios porque creían que la piedra les daba buena suerte y les ayudaba a triunfar en estas empresas. También se usaba el jade como antídoto para el veneno de las serpientes y para sanar enfermedades de los ojos y del estómago. Un jade en forma de mariposa es el amuleto más poderoso que existe para atraer el amor de una persona, según los chinos. Un jade en forma de escarabajo se dice que ayuda a prolongar la vida y atraer la prosperidad y el dinero.

Jasper: Esta es una de las piedras más populares y se encuentra en diversos colores tales como rojo, rosa, carmelita, amarillo y hasta una variedad de verdes. La Biblia habla mucho del jasper rojo. En revelaciones, San Juan describe al trono de Dios con la apariencia de una piedra de jasper. El jasper, el ágata y la piedra de sangre tienen una gran relación histórica entre sí ya que estas piedras siempre aparecen unidas en varias leyendas. El jasper de por sí ha formado parte de todas las civilizaciones antiguas. El jasper imperial era usado como piedra de identificación de una de las tribus de Israel.

Los indios norteamericanos usaban el jasper rojo para atraer la lluvia y también como protección contra todo tipo de peligros, sobre todo durante la noche. El jasper es excelente como estabilizante cuando se desea romper relaciones destructivas, reduce la ansiedad, los temores y el sentido de culpa. También ayuda a desarrollar más fuerza física.

Lapis lázuli: Esta bellísima piedra azul ultra marino generalmente contiene trazos de pyrito, calcito u oro. El lapis lázuli es una de las piedras más antiguas que existen ya que era la piedra preferida de los sacerdotes egipcios y de los faraones. Se cree también que el zafiro que describe La Biblia como parte de la armadura de pecho de Aarón era en realidad un lapis lázuli. Esta piedra tiene la fama de ser de gran ayuda para adquirir poder, amor y sabiduría. Para los egipcios, el lapis lázuli era tan apreciado que su valor era igual al del oro. El faraón siempre cargaba un lapis lázuli en forma de un ojo enmarcado en oro, el cual se consideraba un amuleto de gran poder. Esta piedra siempre se ha conocido como el símbolo de la verdad universal.

El lapis lázuli se puede usar para ayudarnos a concentrar, para aclarar la mente y desarrollar buen juicio y sabiduría. Esta piedra no se debe usar nunca en unión a otras piedras ya que de esta manera se pueden cancelar sus poderes ni tampoco se debe usar en forma de arete. Es preferible cargar la piedra suelta en una bolsita o usarla en una sortija de oro.

Malaquita: Esta piedra es verde brillante pero de tono opaco. La malaquita tiene bandas en su superficie en verde más claro en forma de ojos. Está compuesta de depósitos de cobre y se forma en las zonas oxidadas de las minas. Es suave y sensitiva y se dice que ayuda a desarrollar la intuición y la clarividencia. También era usada en tiempos antiguos para proteger contra el mal de ojo, tal vez por las formaciones de ojos que tiene en su superficie. La cualidad más extraordinaria de la malaquita es que se parte en dos pedazos cuando hay peligro cerca para su dueño. Los antiguos egipcios pulverizaban la malaquita y la usaron de este modo para crear el primer maquillaje o "sombra" para los ojos.

El uso de esta piedra se recomienda en los cuartos de los infantes y bajo el colchón de la cuna para protegerlos de todo mal. Cargada en una bolsita de gamuza, se dice que ayuda a atraer la prosperidad en los negocios, el triunfo en todas las empresas y para proteger en contra de todo peligro.

Obsidio: Este es un cristal volcánico que se encuentra en negro, gris y castaño a veces con franjas y otras veces con puntitos en su interior, los cuales pueden ser blancos o de color dorado, dándole al cristal un color tornasolado. El obsidio es muy popular en la escultura de figurines para la buena suerte, especialmente en México, Sur y Centro América. En los Estados Unidos se encuentran pequeñas piedritas lustrosas formadas de obsidio, las cuales se conocen como lágrimas apaches. El nombre proviene de una leyenda que cuenta cómo la tierra lloró cuando un gran guerrero apache fue muerto durante una batalla. Como el azabache, el obsidio no se intercambia con otra persona. Es un cristal protector y ayuda a proteger a una persona contra vampiros síquicos, individuos que a veces, sin darse cuenta, nos sacan energía mental y física dejándonos exhaustos sin saber por qué.

Ojo de Gato / de Tigre: Estas piedras provienen de la familia del crisoberilo. El ojo de gato es un crisoberilo estrella y es una piedra mucho más valiosa que el ojo de tigre. La piedra es color miel. Cuando la luz la ilumina una parte es color canela y la otra amarillo blancuzca. Esto se conoce como un efecto de miel y leche y es lo que hace al ojo de gato una piedra rara y valiosa. El ojo de tigre proviene de la familia del crisodolito, el cual es también color miel pero con franjas de otros tonos de miel atravesándolo de un lado a otro. Estas piedras se usan para adquirir control sobre nuestras vidas, percepción e intuición.

Onyx: Esta es una piedra negra la cual a veces tiene bandas de calcedonia blanca. El onyx mexicano es un cuarzo negro transparente con venas o depósitos en su interior que suele tener bandas o franjas blancas o de colores de la tierra, como el carmelita, el amarillo ocre y el castaño oscuro. Se usa a menudo para tallar figurines como el obsidio, y para piezas de ajedrez. Los egipcios creían que el onyx cargado al cuello enfriaba el amor entre dos personas hasta llegar a separarlos. Muchos expertos en piedras recomiendan usar el onyx cuando se desea alejar a una persona, romper relaciones molestas pero también advierten que el mucho uso de la piedra puede resultar en discordias internas.

Ópalo: Este cristal se forma de agua y de rocas cristalinas. Algunos ópalos son lechosos, otros son de fuego y otros gelatinosos, pero todos llevan el arco iris mágico en su interior. Su valor monetario depende de su tamaño y del fuego que reflejen internamente. El ópalo más caro y más raro es el preciado ópalo negro.

En la antigüedad se acostumbraba poner un ópalo sobre el ombligo de una mujer a punto de dar a luz porque se creía que el poder de la piedra facilitaba el nacimiento de la criatura. También existen muchas leyendas negativas sobre el ópalo debido a la facilidad con la que se parte: Un ópalo partido es símbolo de mala suerte y pronostica cosas negativas para su dueño, por tal razón muchas personas temen usar la piedra.

De acuerdo con una antigua tradición, sólo los nacidos bajo el signo de Libra deben usar el ópalo, pero en realidad sólo deben usarlo aquellas personas que saben dirigir y controlar grandes cantidades de energía. El ópalo absorbe muchas energías como el diamante, y aquel que sabe cómo usarlas puede beneficiarse mucho de este cristal. La mejor forma de cuidar un ópalo es pasándolo por agua fresca a menudo, ya que una de las cualidades de este cristal extraordinario es la de absorber agua en su interior.

Muchos expertos recomiendan guardar el ópalo dentro de una copita de agua y mantenerlo allí mientras no se use. Al que no tema sus tremendos poderes, el ópalo le puede traer gran felicidad en el amor, a la vez que gran energía psíquica.

Peridot: Este cristal está formado de silicato de magnesio de hierro y es generalmente color verde oliva, aunque hay una variedad amarillo limón. El peridot era una de las piedras favoritas de los faraones y sacerdotes egipcios, quienes lo usaban para protegerse contra la envidia y los enemigos. También se usaba para curar enfermedades del hígado y de los músculos. En la Edad Media pasó a conocerse como crisolito verde. Este cristal siempre se monta en oro debido a su conexión tradicional con el Sol. Por eso, es una de las piedras asociadas con el signo de Leo, a quien el Sol rige. El peridot es una de las pocas gemas que se encuentran a veces en meteoritos, demostrando de esta manera su fuerte poder cósmico. El peridot debe usarse para contrarrestar malas influencias y para adquirir más energía solar.

Perla: Esta bella piedra es otro maravilloso regalo del mar y se forma de una masa de nácar producida por varios moluscos, especialmente la ostra. La perla se encuentra en varios colores, tales como blanco, crema, rosa, azul, gris y negro. Las perlas cultivadas se forman dentro de moluscos adentro de los cuales se ha introducido artificialmente un irritante especial que lo hace crear una perla perfecta. Los antiguos hindúes creían que la perla era el símbolo perfecto de la feminidad y que como tal representaba el poder de la Luna. Generalmente la usaban en ritos contra el mal tiempo.

Las perlas son excelentes regalos para niñas pequeñas porque las ayudan instintivamente a crecer con gracia y belleza. Las perlas no se deben lavar con jabón porque pierden su lustre, tampoco deben usarse cuando la persona está pasando por una crisis personal, ya que la piedra es excesivamente sensible y pierde su brillo de esta manera. Una antigua leyenda dice que las novias no deben usar perlas el día de su boda porque esto presagia lágrimas y posiblemente separación entre los nuevos esposos.

Piedra de la Luna (Moonstone): Esta delicada piedra tiene un brillo perlino transluciente y se encuentra en varios colores pálidos como rosa, azul, verde y blanco brilloso. Los antiguos utilizaban esta piedra en toda magia lunar y creían que sus poderes se duplicaban durante la Luna llena. La piedra se usaba para proteger a todos los que viajaban de noche y sobre todo para atraer el amor, especialmente para unir a amantes o esposos que se habían separado. La piedra de la Luna es perfecta para usarla en la magia del amor y se dice que el que la carga constantemente siempre va a ser feliz en amores.

Piedra de lobo (Wulfenite): Es una piedra naranja extremadamente atractiva que es considerada de la familia de las ágatas. Es poderosa en la purificación del cuerpo físico, lo cual se logra pasándola por todo el cuerpo.

Piedra sangre (Bloodstone): Esta piedra es el miembro más famoso de la familia del jasper. Es de un color verde oscuro con puntos rojo vivo y se dice que tiene gran poder curativo sobre todo tipo de enfermedades de la sangre o de la circulación. Para usar la piedra se coloca sobre el área afectada y se le pide mentalmente que libre al cuerpo de la impureza que lo aflige. La piedra sangre también es considerada excelente en la curación de todo tipo de tumores. Muchas personas la utilizan para romper barreras. Cuando existen problemas en asuntos de negocios o personales, la piedra se frota y se le pide que nos ayude a romper y dominar todos los obstáculos.

Rodocrosito (Rhodochrosite): Esta es una piedra translúcida color rosa con un diseño lechoso como encaje en su interior. Esta piedra también se conoce como Rosa del Inca y se encuentra principalmente en ciertas regiones de Argentina. Se dice que los Incas la descubrieron. Es una piedra muy popular en la magia del amor y se debe usar sobre el pecho en forma de pendiente o en una sortija en el dedo del corazón de la mano izquierda.

Rubí: La más valiosa de todas las gemas, el rubí proviene de la familia del corundum. Su apariencia es el de un cristal con tonalidades rosas y un color de rojo mediano a rojo oscuro. El rubí es un mineral de piedra de cal cristalizada y dolomitas que han sido metamorfoseadas. Los antiguos consideraban el rubí el rey de las joyas y el regalo perfecto para una novia. En muchas leyendas orientales se presenta al rubí como el símbolo de la belleza del alma. Se dice que el rubí protege, no sólo la salud, sino también que atrae el amor y el dinero.

Sardo: El nombre general que se da a todas las ágatas de tonos claros.

Sardonyx: Esta piedra es en realidad un onyx con franjas de sardo o calcedonia en los colores rojo, blanco y negro. El sardonyx era usado en la Edad Media para desvanecer malas vibraciones y todo tipo de sufrimiento. Es una piedra de gran poder que ayuda en la concentración de los deseos y atrae la buena suerte. El sardonyx protege a la familia y todo lo que le pertenece a su dueño. También es estupendo para todos los que hablan en público ya que ayuda a establecer una conexión directa entre el individuo y su audiencia. Esta es la piedra específica del signo de Leo y se dice que los nativos de este signo deben cargar un sardonyx siempre para que triunfen en toda empresa.

Topacio: Este cristal amarillo es considerado una joya semi-preciosa. Se encuentra en muchos colores, incluyendo amarillo, azul, rosa, y castaño o ahumado. El topacio amarillo ámbar es el más preciado. Se considera una piedra de fuego y su nombre proviene del antiguo lenguaje de los hindúes y significa fuego. El topacio se coloca bajo la almohada para traer sueños pacíficos y benéficos. Se carga en la cartera para protección y para controlar la respiración y evitar problemas del corazón. Se dice también que el topacio previene la tuberculosis y resfriados debido a su habilidad de dar fuerza adicional al cuerpo humano. Si se usa como sortija evita todo tipo de accidentes y tragedias, ya que pierde el color cuando se avecina algún peligro.

Turmalina (Tourmaline): Este es el nombre que se le da a una familia mineral de silicato de aluminio mezclado con varios metales. Generalmente la turmalina se forma en depósitos de cuarzo claro y tiene propiedades eléctricas y magnéticas más poderosas aún que la familia de los cuarzos. La turmalina puede tener una gran variedad de colores como verde, rosa, rojo, azul, castaño y negro.

Muchas veces está mezclada con diversos minerales, dando veracidad a su nombre que proviene de la antigua palabra hindú "turmali" que significa una piedra preciosa de colores mixtos. La más popular de las turmalinas es la conocida como melón de agua debido a su color rosa rodeado de una franja verde.

Este cristal tiene una cualidad extraordinaria y es que transfiere energía entre dos personas que tienen relaciones importantes entre sí. Uno de los usos más espectaculares de la turmalina es para mandar mensajes telepáticos a otra persona a distancia. El cristal actúa como un telégrafo cósmico de gran potencialidad y transmite pensamientos e ideas a la persona que se desea influir. La forma de usarse es frotándola rápidamente hasta que se caliente entre los dedos. Entonces se manda el mensaje, generalmente de amor o positivo. Las piedras y cristales son entidades muy elevadas y no se prestan para ningún tipo de acción o magia negativa.

Turquesa: Esta piedra es un sulfato de aluminio y cobre hidrolizado y se consigue en tono de azul o verde. Las turquesas azules tienen más depósitos de cobre mientras que las verdes tienen más aluminio. Se encuentra en todas partes del mundo y es considerada de gran valor por muchas culturas y civilizaciones. En el oriente se conocía como la piedra de los turcos, de ahí el nombre turquesa. Los indios de México y del Suroeste de los Estados Unidos usaban la turquesa para guardar los cementerios. Los sacerdotes indios la usaban sobre el pecho cuando invocaban al "gran espíritu de los cielos". Los indios creían que la turquesa era la piedra universal y que permitía que la mente se uniera con el infinito.

Con excepción de la perla y el ópalo, la turquesa cambia de color más que cualquier otra piedra. Por eso los antiguos decían que esta piedra da su vida por su dueño. Cuando cambia de color indica que se avecinan problemas o que la persona necesita descansar. Esto tal vez se deba a que cuando, una persona está muy cansada o tensa, hay una elevación del nivel de cobre en el cuerpo. Muchos expertos creen que el cobre del cuerpo interacciona con el cobre de la turquesa ocasionando el cambio de color. La turquesa protege en contra de excesos y calma los nervios, eliminando las tensiones.

Zafiro: Igual que el rubí, el zafiro proviene de la familia del corundum. También como el rubí es un cristal y no una piedra, pero su color es azul transparente, aunque existen ciertas variaciones raras de color rosa, verde o amarillo. El profundo color del zafiro se debe a la presencia en su interior de hierro férrico y de titanio. Después del diamante, es el cristal más duro que existe. El zafiro se usa generalmente para establecer contacto directo con Dios y para alcanzar su bendición y su gracia. También se usa por muchos magos para desarrollar el don de la profecía.

Los zafiros que forman una estrella rutilante en su centro se conocen como zafiros estrellas y se cuentan entre las gemas más fabulosas del mundo. Uno de los zafiros más famosos es el conocido como la Estrella de la India.

Este bello cristal se conoce como el eslabón religioso más poderoso que existe, ya que se dice que crea la unificación entre diferentes religiones. Todos los zafiros son gemas de destino y se deben usar para estimular el destello divino en todos nosotros.

Naturalmente que esta lista no incluye todas las piedras y cristales utilizados en la meditación y en la magia de la Nueva Era, pero incluye la mayor parte y las más importantes. Otras piedras como rhodonite, kunzite, gem silica, chrysoprase y apatite no son tan dinámicas como las que aquí se han descrito. Más adelante discutiremos cómo se usan las piedras y los cristales en la magia, y en la meditación y el desarrollo de las chakras.

6

Las piedras y los cristales en la astrología

Acada signo astrológico se le ha asignado un color, una piedra o cristal, un metal y varios otros atributos, todos los cuales se conocen como correspondencias en la magia. En la lista que sigue están los metales, las piedras y cristales más comúnmente asociados con cada signo, además de sus colores respectivos. A pesar de que cada signo tiene una gema que le corresponde, hay otras piedras y cristales que también pueden ser usadas por cada signo.

Signo	Color	Gemas	Metal
Aries	Rojo	Diamante, rubí, coral, carnelian	Hierro
Tauro	Verde	Esmeralda, topacio, ágata, lapis lázuli	Cobre
Géminis	Amarillo	Turquesa berilio, aquamarina, alejandría	Plata
Cáncer	Azul	Perla, rubí, turquesa, piedra de la Luna	Plata
Leo	Naranja	Sardonyx, rubí, peridot, ámbar	Oro
Virgo	Marrón	Zafiro, azurito, jasper, rodocrosito	Plata
Libra	Rosa	Ópalo, ágata de fuego, turmalina	Cobre
Escorpión	Vino	Topacio, granate, coral, rubí	Hierro
Sagitario	Violeta	Rubí, amatista, malaquita, turquesa	Estaño
Capricornio	Gris	Onyx, Granate, azabache, obsidio	Plomo
Acuario	Blanco	Amatista, zafiro, aquamarina, lapis lázuli	Platino
Piscis	Azul claro	Aquamarina, diamante, jade, turquesa	Platino

La piedra del signo siempre debe ser montada en una sortija de su metal. La idea de montar una esmeralda en cobre tal vez no sea del gusto de muchos taureanos ni le gustará a Capricornio montar un granate en plomo, pero a veces hay que sacrificar la vanidad para alcanzar nuestros propósitos. Y la idea de usar la piedra con su metal es simplemente la de atraer hacia la persona que la usa el amor y la buena suerte.

También es importante saber en qué dedo de la mano se usa una piedra o cristal. Cada dedo tiene una cualidad la cual se acentúa con la gema adecuada. El pulgar es el símbolo de la voluntad y del deseo, el índice simboliza acción y dirección, el dedo del corazón simboliza intuición e inspiración, el anular simboliza creatividad y el meñique, cambios y oportunidades.

Las piedras que se usan en conexión con los dedos son las siguientes:

Dedo índice

Lapis lázuli: sabiduría y conocimiento

Piedra de Luna (Moonstone), madreperla, granate: amor propio y a la humanidad

Carnelia: triunfos en todas las empresas

Crisocola: relajar tensiones, atraer un amor nuevo

Dedo del corazón

Amatista: creatividad, inspiración

Zafiro: alcanzar las más grandes ambiciones

Rubí: realzar la atracción personal

Topacio: protección de la salud

Granate: protección de la familia, triunfo en los negocios

Dedo anular

Diamante: para fortalecer relaciones amorosas
Esmeralda: estimular la creatividad
Moonstone: expresar amor y recibirlo
Turquesa: desarrollar la intuición
Ópalo: desarrollar la compasión
Aquamarina: atraer el amor
Sardonyx: triunfar en todas las empresas

Dedo meñique

Perla: cambios positivos
Aventurina: nuevas oportunidades en los negocios

Las piedras que no le pertenecen al signo de una persona también se pueden usar pero no necesariamente en forma de sortijas. Estas piedras se pueden cargar sueltas en una bolsita de satín, de piel o de terciopelo. El color de la bolsita debe ser neutral, es decir blanco, crema, gris o castaño claro, con excepción de las bolsitas que se usan para atraer el amor, que deben ser rojas, y las que se usan para atraer el dinero, que deben ser verdes.

Muchas personas utilizan sustancias adhesivas para afianzar sus piedras a un pedazo de metal o de madera, a objetos de cuero, a cajitas, llaveros, espejos, y muchos otros objetos de uso personal. Otros crean adornos para las orejas, broches, brazaletes y pendientes usando su piedra favorita, hilos de cobre, de oro o plata, e infinidad de otros metales y materiales.

Mientras más personalizada sea la joya más significado e importancia tiene para su dueño. Por eso es preferible, siempre que sea posible, que la misma persona monte sus piedras y cristales de uso personal. De esta manera están más cargadas de fuerza magnética y funcionan mejor. Naturalmente que no me refiero a joyas usadas como adorno personal, las cuales requieren monturas finas, sino a las piedras que se usan en meditaciones o para atraer la buena suerte.

7

El cuarzo blanco
y sus poderes

Cuando alguien habla de cristales, por lo general se está refiriendo a la familia de los cuarzos, especialmente al cuarzo blanco. Este es el más común y conocido de todos los cuarzos y se conoce como el "abuelo" del mundo mineral. El cuarzo está compuesto de dióxido de silicón, al igual que el cuerpo humano, y se dice que representa la suma total de la evolución en el plano material. El hecho de que el cuarzo y el cuerpo humano tengan tan similar composición es la razón principal por la cual los seres humanos tengamos tan gran afinidad con el cuarzo y trabajemos tan bien con éste. Igual al ser humano, cada cuarzo es único y distinto a otros cuarzos, teniendo cada uno una personalidad individual y talentos especiales.

El cuarzo blanco es un hexágono, es decir, tiene seis lados los cuales generalmente terminan en una punta, la cual simboliza la conexión humana con el infinito. La estructura molecular del cuarzo consiste de un átomo de silicón y dos de oxígeno, los cuales al unirse forman dióxido de silicón. El calor y la comprensión debajo de la superficie terrestre fusionan estas moléculas hasta formar el cuarzo. Éste se forma generalmente en camadas de roca volcánica. Muchas veces el cristal contiene depósitos de minerales como el cobre, la turmalina y otras gemas preciosas y semipreciosas, debido a que todos se forman en el mismo espacio. Estos depósitos, llamados inclusiones, alteran en cierta forma las propiedades enérgicas del cristal, aumentando su capacidad para trabajos de orden cósmico.

Cuando se habla de cuarzo blanco generalmente la persona se refiere a la variedad de cuarzo transparente sin inclusiones de otros minerales. Su transparencia le da al cuarzo la habilidad de absorber y reflejar todos los colores del espectro solar, que como todos sabemos son siete, incluyendo amarillo, naranja, rojo, verde, azul claro, azul ultramarino y violeta. Esto hace del cuarzo un extraordinario instrumento de curación el cual trae luz y energía a nuestros cuerpos físicos, mentales y espirituales.

El cuarzo varía en tamaño desde media pulgada a varios pies en altura y diámetro. Las áreas que más cuarzo producen son Brasil y el estado de Arkansas en los Estados Unidos. El cristal se forma en grupos de puntas, en puntas simples, en puntas dobles y en pedazos.

El grupo de puntas

El grupo de puntas es la formación de cuarzo más común que existe. Las puntas crecen en distintas posiciones y tamaños, apretujadas unas contra otras en la misma base. Existen grupos de sólo dos puntas y otros que contienen cientos. Cada punta tiene su energía especial pero todas existen en total armonía con el resto del grupo. La relación entre las puntas de un grupo es parecida a la de los instrumentos de una orquesta. Cuando se tocan por separado, cada uno de los instrumentos tiene un sonido distinto, pero cuando se tocan al unísono, forman una armonía sincronizada.

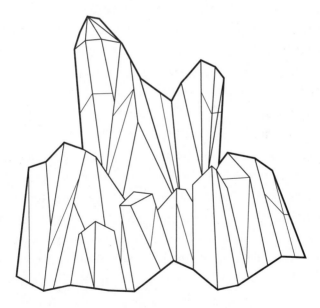

Figura 1: Cuarzo blanco en un grupo de puntas

La energía del grupo de puntas es emitida de una forma esporádica y las puntas se cargan mutuamente. El grupo puede ser usado en ciertas meditaciones y curaciones y también para purificar el aire, sobre todo después de una discusión desagradable. Los cristales que se encuentran en un grupo generalmente son de puntas simples. Ocasionalmente se encuentran en estos grupos cristales de puntas dobles o combinaciones de puntas simples y dobles.

La punta simple

Este es el cristal de cuarzo que más se encuentra en las tiendas que venden cristales y piedras. Este cristal se obtiene al separarse de un grupo de puntas. La punta simple es un cuarzo de seis lados el cual termina en una punta. La base es generalmente cruda y sin pulir. Este cristal es muy versátil y se puede usar en la meditación, en el desarrollo de las chakras, en curaciones y en ritos de limpiezas. Ver figura 2.

La punta doble

Estos cristales crecen en bases de barro y son cuarzos comunes, pero en vez de terminar en una sola punta, tienen una punta en cada extremo. Es importante recordar que tanto las seis facetas como las puntas de los cuarzos son formadas de forma natural sin la intervención de la mano del ser humano. Los cuarzos de doble punta son extremadamente difíciles de conseguir, y cuando se consiguen, raras veces exceden un tamaño de más de tres pulgadas. Estos cristales son poderosos instrumentos curativos debido a un sistema de energía único que les permite absorber, retener, purificar y luego difundir energías por las dos puntas. Ver figura 3.

Pedazos

Los pedazos de cuarzos son cristales que pueden originar en cualquiera de las tres categorías que acabamos de discutir. Estos cristales carecen de puntas ya que éstas han desaparecido debido a procedimientos descuidados durante el proceso de minar. Los pedazos de cuarzos sin puntas no se recomiendan para usarse en curaciones ya que las puntas

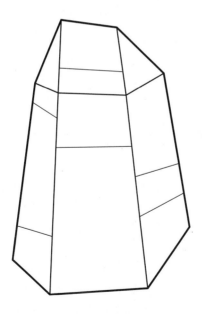

Figura 2: El cuarzo de punta simple

son necesarias para la unión y difusión de energías, sin embargo son excelentes instrumentos en la concentración mental durante la meditación. Los pedazos de cuarzo se pueden usar también para preparar el "agua de cristal" que describiremos más adelante.

Cuarzos pulidos

El cuarzo crudo es preferido por muchas personas al pulido porque su formación es natural y no debe nada de su estructura a la intervención humana. Sin embargo, el cuarzo pulido ofrece varias ventajas sobre el crudo. En primer lugar, la

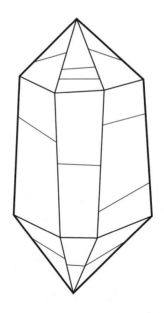

Figura 3: El cuarzo de punta doble

base es lisa, la blancura típica del interior del cristal desaparece y es reemplazada por una transparencia refulgente, y además al pulirse el cristal puede ser formado en más de seis facetas. Marcel Vogel, un conocido pulidor de cristales, descubrió recientemente que al pulir el cuarzo blanco y añadirle facetas, se aumenta su capacidad de absorber y retener energía. Esto hace del cuarzo pulido un instrumento mucho más poderoso en la curación de enfermedades y en la proyección mental. Algunos cristales son tallados de manera que su punta queda bien afilada. La energía que proyectan estos cristales es similar a la de un cristal de tipo láser y son usados para curar enfermedades tropicales como tumores y eczemas y para proyecciones mentales de gran poder. Estos cristales altamente pulidos no deben ser usados por personas sin experiencia. Es importante aprender a manejar los cuarzos más simples antes de intentar trabajar con las energías concentradas de los cuarzos pulidos.

La energía del cuarzo

El cristal de cuarzo es un conductor natural de energía electromagnética. Todo lo que existe en el universo está formado de corrientes electromagnéticas, incluyendo tanto el cuerpo como el pensamiento humano, por eso, el cuarzo puede ser usado en curaciones y meditaciones.

Como discutimos anteriormente todo se compone de átomos y todos los átomos se componen de protones, electrones y neutrones. Cada electrón al moverse produce un campo de energía electromagnético. Dentro de la estructura del cuarzo, esta corriente de energía electromagnética se mueve libremente de una forma regular y constante. Esta libertad de movimiento es posible debido a que la estructura molecular del cristal forma triángulos equiláteros que se mueven en espiral. La energía es atraída dentro del cuerpo del cristal y luego emitida a través de una de sus puntas. Esta energía puede ser estimulada por la luz del Sol, por el calor del cuerpo humano, por contactos con otros cristales, metales, y pensamientos programados. Cualquiera de estas interacciones puede excitar a los electrones que de esta manera transforman la energía, la cual es comparable a la que emite un grupo de personas con un pensamiento común. La diferencia entre la energía mental humana y la del cuarzo, es que la energía del cuarzo es uniforme y constante.

Esta consistencia hace de los cristales de cuarzo excelentes instrumentos para la creación de un balance armonioso entre el cuerpo físico y el espiritual. El cristal de cuarzo no sólo asiste en el balance de energías, sino que también disuelve los bloqueos internos que evitan que la conciencia humana sea iluminada por los destellos del subconsciente.

El cristal de cuarzo puede llegar a ser una extensión de nuestras vibraciones. Su energía puede mezclarse con la nuestra, y si está bien programado, puede liberar la mente ayudándola a descubrir los más profundos secretos del subconsciente.

8

Cómo se escogen y se limpian los cristales

Un cristal de cuarzo programado puede llegar a convertirse en una llave mágica que abre ciertas áreas secretas del subconsciente. Cuando las vibraciones del cristal se integran totalmente con las de su dueño, el resultado es una relación de gran armonía entre la persona y el cristal. Éste puede amplificar el desarrollo mental cuando se está meditando, durmiendo, y hasta cuando se está despierto. Eventualmente puede llegar a convertirse en una extensión del subconsciente del individuo.

Es importante escoger el cuarzo que se va a usar en curaciones o meditaciones con gran cuidado. Al principio, el mejor cristal es uno de punta simple cuyas seis facetas sean claramente visibles en su superficie. El cristal debe ser de un tamaño entre una pulgada a cinco pulgadas de largo, de manera que se pueda agarrar con la mano. Es vital que la punta del cristal no esté rota o astillada, ya que si es así, su energía no puede ser concentrada. Mientras más fina y perfecta sea la punta más fácil es trabajar con el cristal.

El cristal debe ser probado antes de comprarse. Si la persona es de mano derecha, las vibraciones del cuarzo se prueban sosteniendo el cristal con la mano *izquierda* y dirigiendo su punta hacia el centro de la frente. La mano izquierda se usa porque está conectada con el lado derecho del cerebro, el cual controla la parte intuitiva de la mente. Las personas que son izquierdas, simplemente usan la mano *derecha* para sostener el cuarzo y dirigir su punta hacia la frente.

Después de sostener el cristal de esta manera por varios minutos, algunas personas sienten vibraciones enérgicas en la forma de cambios de temperatura en el cuerpo, explosiones de colores en la mente, y un sentimiento de gran paz y compatibilidad hacia el cristal. Si esto sucede, el cristal es adecuado y se puede comprar con la seguridad de que va a ser de gran ayuda para la persona. Si por el contrario las sensaciones que se perciben son de orden negativo, el cristal no armoniza con ese individuo y no se debe escoger. Es importante que antes de comprar el cristal se pruebe de esta manera. No es necesario tener sensaciones muy marcadas, como el cristal cambiando de colores o algo igualmente espectacular. Simplemente el hecho de sentirse en armonía con el cuarzo es suficiente para saber que éste es el cristal adecuado.

Muchas veces el cristal menos atractivo es el que más nos conviene. Por ejemplo, si la base del cristal es lechosa en vez de transparente, pero su punta es fina y sus vibraciones excelentes, se debe escoger sobre otro que es claro y perfecto en apariencia pero que nos da una impresión de frialdad o indiferencia. La parte nublada del cristal simboliza el desarrollo espiritual de la persona. A medida que ésta adelanta en su desenvolvimiento mental y espiritual, la parte nublada del cristal se va aclarando.

El cristal debe limpiarse inmediatamente que se compra o se adquiere, ya que muchas personas lo han tocado y muchas de estas vibraciones se quedan con el cristal de forma negativa. Al limpiar el cuarzo su campo electromagnético es balanceado y sus energías realineadas. Esto es importante que suceda antes de comenzar a trabajar con el cristal. Todas las piedras, cristales o joyas que se reciben como regalo también deben ser limpiadas y preparadas. La sustancia más efectiva en la limpieza de un cristal es la sal de mar o sal de piedra, que se consigue fácilmente en las tiendas que venden vitaminas y alimentos orgánicos. Bajo ningún concepto se puede usar la sal que se utiliza para derretir la nieve y que se consigue en ferreterías. Ésta no es sal pura y contiene elementos de gran impureza que le roban la armonía interna al cristal. Cuando no es fácil conseguir la sal de mar, un buen substituto es la sal sin yodo que se vende comúnmente en los supermercados. La sal es el mineral más puro que existe y la sustancia purificadora por excelencia. Se dice que las entidades del mal no resisten la presencia de la sal. Por eso, ésta se usa durante el bautizo y durante todo tipo de exorcismos y de limpiezas espirituales.

El cristal se coloca sobre un pedazo de seda o satín o sobre un pedazo de papel blanco sobre el cual se ha esparcido una capa fina de sal. Luego se cubre el cristal con suficiente sal hasta que no quede ninguna superficie de éste al descubierto. Algunas personas prefieren meter el cristal en una solución de un cuarto de agua con una taza de sal. Esto es también posible, pero cuando se usa la sal sola la intensidad de la purificación del cuarzo se acelera. Si se va a usar una solución de agua con sal es preciso recordar que el recipiente jamás debe ser de metal.

El cristal se deja bajo la sal por lo menos por veinticuatro horas. Después se saca y se lava con agua fresca de forma que el agua resbale sobre el cristal para que éste reactive su corriente de energía positiva. Luego el cristal se cepilla levemente con un cepillo de cerdas finas para remover cualquier arenilla que pueda tener adherida. Lo último que se hace es frotar el cristal con un pedazo de tela de seda o de satín para excitar a los electrones que están en su superficie. El cristal se coloca en una ventana para que reciba los rayos del sol por lo menos por seis horas e inmediatamente se programa para lo que se quiera usar.

Precauciones

Para evitar que los cristales se dañen o pierdan fuerzas, es necesario observar las siguientes precauciones:

1. Todas las semanas el cristal se debe exponer a la luz del sol por un mínimo de seis horas.

2. No se debe exponer el cristal a los rayos de la luz artificial por largos períodos de tiempo, tales como la luz fosforescente.

3. El cristal nunca debe colocarse sobre superficies magnéticas porque éstas borran el programa del cristal.

4. La sal o soluciones de sal nunca deben usarse más de una vez, ya que retienen las impurezas de los cristales y pueden volverlos a cargar con estas impurezas.

5. Los cristales personales nunca deben ser tocados por otras personas. De manera que no es aconsejable tocar los cristales o piedras ajenas ni permitir que nadie toque las nuestras.

6. Nunca se debe tocar ni acercarse a un cristal cuando se está de mal humor o deprimido, ya que el cristal va a recoger estas vibraciones, las va a ampliar y luego las va a descargar hacia la persona.

7. La mejor forma de energizar de nuevo un cristal es manteniéndolo cerca de otros cristales también listos y programados. Los cristales deben colocarse formando un círculo.

8. El cristal de cuarzo nunca debe cargarse suelto en el bolsillo o la cartera porque su punta es muy delicada y puede romperse fácilmente. Una vez que la punta se rompe el cristal no puede usarse en ciertos tipos de rituales, sobre todo en los de curaciones. Tampoco se deben cargar cristales con otros cristales o piedras porque son muy frágiles y extremadamente sensibles y sus energías pueden ser afectadas.

9. El cristal nunca debe cargarse envuelto en plástico o en cualquier material hecho por el hombre.

10. La mejor forma de cargar el cristal es dentro de una bolsa de seda, de satín o de terciopelo.

Cómo se programa un cristal

Un cristal es una computadora portátil con la capacidad de recibir, archivar y enviar mensajes de acuerdo con el programa que se le ha insertado. Antes de insertar el programa que se desea, el cuarzo tiene que estar limpio de pensamientos o de programas anteriores. Para lograr esto, el cristal se coloca sobre la palma de la mano izquierda con la punta hacia arriba. Inmediatamente se visualiza un rayo de luz blanca que atraviesa la palma de la mano y todo el cristal hasta salir por la punta. Junto con la luz se visualiza, es decir se imagina, que todo programa o pensamiento previo ha salido del cristal dejándolo vacío y listo para ser programado de nuevo.

Cada cristal debe ser programado con una sola intención o deseo. Cuando lo que se desea se realiza, el cristal puede volver a reprogramarse. Es importante que cada programa sea lo más sencillo posible para que el cristal pueda absorber el mensaje y llevarlo a cabo de la más rápida y eficiente forma posible.

Es importante programar el cristal con ideas positivas, ya que todo mensaje que se programa en el cristal es amplificado por los triángulos dobles que existen dentro de éste. Los cristales no responden muy bien a mensajes verbales de manera que es preferible visualizar lo que se desea a la vez que se expresa.

Si se desea usar un cristal en meditaciones o para desarrollo personal es preferible visualizarse a sí mismo rebozando salud y alegría, es decir la persona se imagina a sí misma como le gustaría ser en la realidad. Se aconseja visualizar una burbuja de luz alrededor de la persona antes de comenzar la programación del cristal. De esta manera ninguna vibración negativa puede penetrar la esfera personal.

La programación

Para programar un cristal éste se coloca sobre la palma de la mano izquierda mientras la punta se cubre con la palma de la mano derecha. Se le proyecta al cristal la imagen de lo que se desea lograr a la vez que se expresa este pensamiento en voz alta. Por ejemplo, si se desea usar el cristal para el desarrollo de la intuición y la clarividencia, la persona se visualiza a sí misma como un receptor electrónico, pero recibiendo mensajes del futuro en vez del presente. Al mismo tiempo se expresa en voz alta el deseo de desarrollar el poder de la telepatía, la intuición y la clarividencia a través del cristal: "A través de este cristal y sus puras energías yo voy a desarrollar mis facultades telepáticas, intuitivas y clarividentes". Este pensamiento y la imagen de la persona recibiendo mensajes telepáticos se visualizan que van de la mente a la mano, de ésta al cristal y de éste de nuevo a la mente de la persona.

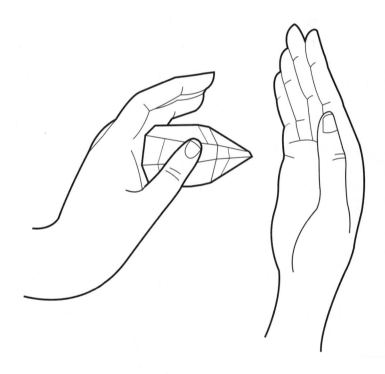

Figura 4: La programación del cuarzo

Si el cristal es de punta doble, se sostiene entre las palmas de las dos manos y se programa de la forma arriba descrita. Debido a la doble terminación del cristal, el programa es mucho más poderoso.

En los cristales que forman grupos de puntas se puede programar todo el grupo con una sola intención y también se puede programar cada punta con una intención distinta. Esto se logra poniendo la palma de la mano derecha sobre cada punta y expresando el deseo a la vez que se visualiza.

Para asegurarse de que un programa ha sido suficientemente integrado en un cristal es conveniente repetir la programación exactamente como se ha descrito anteriormente por un período de siete días corridos, comenzando el día de la luna nueva. Siempre es preferible llevar a cabo todo tipo de acción mágica positiva y de poder durante la luna nueva.

Después de la programación, el cuarzo debe ser lavado bajo agua que corre, como la del grifo del agua fría, cada dos semanas. Luego se frota de nuevo con un paño de satín, seda o terciopelo, según se había indicado antes.

La programación de las piedras

Las piedras se limpian con sal igual que los cristales, se enjuagan con agua y se ponen al sol, pero su programación es más sencilla porque son más densas y su sensibilidad no es tan poderosa como la del cuarzo.

Cómo se programa un cristal

Las piedras se programan poniéndolas sobre la frente en el medio de los dos ojos, en el área conocida como el tercer ojo. Lo que se desea conseguir a través de la piedra se visualiza y se expresa en voz alta. Este proceso sólo se lleva a cabo una vez ya que la piedra es opaca y retiene con más facilidad cada programa.

Cómo se usa el cristal

Después de haber limpiado y programado el cristal, éste debe estar en contacto con la persona constantemente, así puede absorber las vibraciones de ésta e interaccionar mejor con sus energías. Esto es importante ya que el cristal necesita tiempo para convertirse en una extensión de las vibraciones y deseos de su dueño.

Generalmente el período que un cristal necesita para acoplarse a su dueño es de treinta días. Durante este tiempo el cristal debe cargarse consigo y mantenerse en el área donde se trabaja o se descansa. De noche se debe colocar bajo la almohada pero con la punta dirigida hacia arriba en la misma dirección que la cabeza.

Es posible programar un cristal para recordar los sueños, para tener sueños premonitorios y para controlar los sueños. Cuando se tiene un problema serio que tiene que ser resuelto lo antes posible, se toma el cristal con las dos manos, la punta hacia arriba y se le pide que nos sugiera una solución inmediata al problema durante el sueño. Al otro día, al despertar, se toma el cristal de nuevo entre las manos, y se pide que le haga recordar el sueño con la solución al problema.

Los cristales se pueden programar para todo tipo de curaciones, para trabajar directamente con las chakras (lo que se describirá más adelante) y para la evolución de la persona, tanto material como espiritual. Se puede programar un cristal para que actúe como eslabón entre dos personas y despierte un amor apasionado.

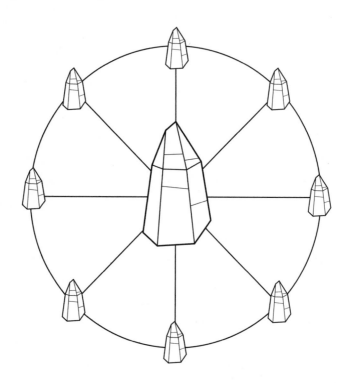

*Figura 5: El cuarzo generador se usa para
'cargar' las energías de otros cuarzos*

10

El cuerpo etérico, el astral y el aura humana

El cuerpo humano está rodeado de muchos otros "cuerpos" los cuales en realidad son vibraciones energéticas de distintas intensidades. En este libro sólo vamos a discutir cuatro de los cuerpos que le pertenecen al ser humano. Estos son el cuerpo físico, el etérico, el astral y el mental. Los diferentes cuerpos espirituales rodean al físico como esferas de energía, una sobre la otra, radiando luz por varios pies alrededor del cuerpo. Cada cuerpo tiene su propia densidad y tipo de vibración, pero a pesar de esto, todos los cuerpos están relacionados unos con los otros, de manera que lo que afecta a uno de los cuerpos afecta a los demás. Es por eso que se puede utilizar el cuerpo etérico para efectuar curaciones y cambios en el cuerpo físico.

El cuerpo etérico

Nuestra piel está rodeada de una esfera de energía radiante la cual se extiende aproximadamente cuatro pulgadas hacia afuera del cuerpo. Esta esfera es la que se conoce como el cuerpo etérico. Los adeptos visuales, que poseen el don de la clarividencia, perciben el cuerpo etérico como una especie de neblina azul grisáceo alrededor del cuerpo físico. Esta envoltura o matriz etérica contiene las energías del cuerpo físico y tiene la capacidad de atraer y asimilar las energías del sol y de la tierra, las cuales son entonces absorbidas por la materia.

La condición del cuerpo físico puede ser determinada examinando el cuerpo etérico. Cuando una persona está en perfecta salud mental y física, no existen imperfecciones ni grietas en la superficie etérica. Pero en el momento que se desarrollan desequilibrios físicos o espirituales en una persona, boquetes o desgarres surgen de inmediato en el etérico. Si estos defectos se ignoran, el cuerpo material puede enfermarse.

El cuerpo astral y el mental

Alrededor del etérico, extendiéndose por varios pies afuera del físico, fluyen las energías de los cuerpos astral y mental. Estos dos campos vibracionales se conocen como los cuerpos espirituales.

El cuerpo astral es también conocido como la parte emocional del ser humano y acumula todos los sentimientos y pasiones, tales como el amor, el odio, el miedo, el valor, la alegría, el dolor, la esperanza y otros similares. Las emociones que pertenecen al astral son conducidas al cuerpo físico a través de ciertas claves o señales. Por ejemplo, la muerte de una persona amiga puede resultar en dolor o sufrimiento. Mientras más intenso es el sentimiento, más poderoso es el mensaje que llega del cuerpo astral al físico. Éste reacciona llorando, temblando o tal vez enfermándose, dependiendo de la intensidad del descargue astral.

El cuerpo mental puede ser descrito como la esencia de inteligencia activa. Posee cualidades como disciplina, control, evaluación, juicio y regulaciones estrictas. Igual que sucede con el cuerpo astral, cualquier falta de armonía puede resultar en síntomas físicos. Por ejemplo, si una persona comete un acto inmoral, el cual está en pugna con sus creencias éticas y morales, esta persona puede castigarse a sí misma inconscientemente con una enfermedad física. Esta es una acción automática del cuerpo mental.

El cuerpo mental actúa como una balanza entre el etérico y el astral a través de su inteligencia activa, su disciplina, memoria, juicio y discriminación para evaluar y procesar la información que recibe de los otros cuerpos. Es el cuerpo mental el que decide lo que se va a filtrar al astral, al etérico o al físico.

Una reacción instantánea puede suceder cuando los aspectos emocionales y mentales enfocan al etérico, el cual inmediatamente afecta las condiciones de la materia. Por eso es importante, para que nosotros estemos siempre en perfecta salud, que exista un balance armonioso y constante entre todos nuestros cuerpos.

El aura

El Diccionario de Webster define al aura como un aire, una esencia, una sutil influencia o cualidad que emana o que rodea a una persona u objeto. En el famoso sistema de fotografía Kirliana se puede demostrar visiblemente este campo electromagnético que rodea, no sólo a los seres humanos, sino también a las plantas, a los animales y otras entidades de la naturaleza. En el ser humano, el aura es la combinación de los cuerpos etérico, astral y mental.

Las grandes escuelas secretas enseñan que el alma está contenida dentro del aura humana, entre el cuerpo etérico y el astral. Cuando el cuerpo físico muere, el etérico dura por cierto tiempo y luego desaparece. El alma está en el astral un tiempo, luego pasa al cuerpo mental y de ahí llega por fin al plano espiritual que le corresponde de acuerdo con su desarrollo.

El alma irradia los colores vibracionales de los tres cuerpos que rodean al físico. Las personas clarividentes pueden ver esta irradiación que se conoce como aura. El color y la claridad del aura le indican al clarividente las condiciones del cuerpo físico y el desarrollo espiritual de la persona.

Es importante hacer una distinción entre lo que se conoce como psíquico y lo que se conoce como espiritual. El mundo psíquico se refiere a lo que se conoce comúnmente como la cuarta dimensión. Las mediunidades, las personas psíquicas y clarividentes pueden penetrar el velo que separa nuestra tercera dimensión y llegar hasta la cuarta, conocida en la física moderna como el tiempo. En esta cuarta dimensión, estas personas pueden recibir información acerca de las existencias anteriores de una persona, percibir el futuro y posiblemente comunicarse con espíritus o entidades desencarnadas.

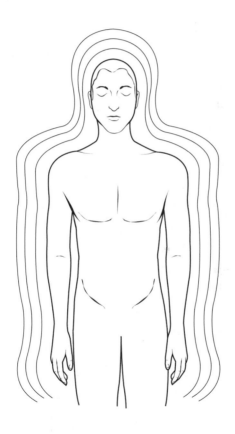

Figura 6: El cuerpo humano está rodeado por el cuerpo etérico, el astral y el mental.

Por otra parte, el mundo espiritual se conoce como la quinta y sexta dimensión, de acuerdo con las enseñanzas esotéricas. Estas dimensiones están compuestas de una energía purísima y son habitadas por fuerzas de una inteligencia superior las cuales se conocen comúnmente como guías y maestros. Muchas escuelas esotéricas se refieren al mundo espiritual como el plano de alta conciencia donde el ser humano entra en contacto con su propia alma. Cuando una persona desarrolla una conciencia alerta a un alto grado, se dice que ha entrado en un nivel espiritual donde está en contacto con su Alto Yo. Estas personas no son "psíquicas" o mediunidades, sino que siguen una voz interna e intuitiva que los guía en sus vidas cotidianas.

11

Las Chakras

En el cuerpo etérico existen siete centros de energía los cuales se conocen como chakras. Esta es una palabra sánscrita que significa rueda o disco rodante. Estos centros enérgicos o chakras sólo pueden ser percibidas por personas clarividentes o psíquicas y generalmente dan la impresión de estar dando vueltas rápidamente en forma circular. Cada chakra es un punto de transformación de energía, la cual es absorbida y distribuida al cuerpo etérico y de éste al físico. Cuando las chakras son estimuladas y abiertas le dan al cuerpo y a la mente gran vitalidad la cual resulta en mejor salud, una conciencia más despierta y alerta y un desarrollo espiritual mucho más elevado.

A través del cuerpo sutil etérico se extiende de forma vertical un canal central de energía el cual conecta las siete chakras de la primera hasta la séptima. Este canal se conoce como *Sushumna* y se puede identificar con la espina dorsal en el cuerpo físico. Las chakras se encuentran localizadas a lo largo de la espina dorsal y de este canal *Sushumna*. En el lado izquierdo del *Sushumna* se encuentra otro canal conocido como *Ida*, el cual corresponde a la energía femenina del cuerpo. Esta energía es también conocida como energía lunar o de la luna y es receptiva. Al lado derecho del *Sushumna* está el canal de *Pingala*, el cual corresponde a la energía masculina o solar, es decir, del sol. Esta es una energía creativa.

En la magia de los cristales y las piedras, sobre todo los cristales de cuarzo, se trabaja directamente con estos tres canales y con las chakras. Al afectar a estos, también se afectan los cuerpos físicos, mentales y emocionales. La mayor parte de las enfermedades y de los problemas que enfrentamos en nuestras vidas diarias son el resultado de un desbalance o de un bloqueo de las chakras, el flujo de energía femenina o masculina o del canal central de energía. Según la persona crece en conocimientos de su propio yo, su conciencia se expande hasta que llega a percibir su cuerpo etérico, sus chakras y los canales de energía que lo atraviesan. Eventualmente llega a reconocer cuando una o más de las chakras está fuera de balance u obstruida.

A través de ciertos ejercicios de respiración y del uso de cristales, la persona aprende a estimular las chakras y a abrirlas. Generalmente la mayor parte de la gente no tiene las chakras superiores abiertas, es decir las chakras cuarta, quinta, sexta y séptima. Esto significa que las cualidades que corresponden a estas chakras no pueden ser utilizadas en su magnitud. Para corregir esta situación, es importante comenzar por abrir las chakras superiores, de la chakra del corazón hacia arriba. Es de vital importancia recordar que la cuarta chakra o chakra del corazón debe ser siempre usada como el centro del organismo o punto central de balance. Es en esta chakra que debemos centralizar nuestra consciencia para multiplicar nuestras energías.

Las siete chakras

La primera chakra se encuentra en la base de la espina dorsal y su nombre sánscrito es Muladhara. Es aquí donde reside la energía primordial conocida como "el fuego de la serpiente" o *Kundalini*. Este centro de energía está conectado con la sobre-vivencia del organismo. Cuando se trabaja con él es porque hay una enfermedad especifica en esa zona que se desea sanar o porque se desea despertar la energía de *Kundalini*. En ciertos casos, es necesario traerla a tierra y centralizarla. Esto se logra concentrándose y meditando sobre esta área. Cada chakra está conectada con una de las glándulas del cuerpo físico, la cual controla. En el caso de *Muladhara* las glándulas sexuales. En la mujer éstas corresponden a los ovarios y en el hombre a los testículos. *Muladhara* es influenciada por el planeta Saturno o por Plutón, su elemento es tierra, su símbolo es el cuadrado y su metal es plomo. El sentido que domina es el del olor.

La segunda chakra se llama *Manipura* y está conectada con el páncreas y el hígado los cuales controla. *Manipura* está localiza-da debajo del ombligo y controla las glándulas endocrinales, las cuales influyen en el metabolismo, la digestión y la inmuni-dad contra todo tipo de enfermedades. Manipura es influencia-da por el planeta Júpiter, su elemento es agua, su sentido es el sabor, su metal es el estaño, su símbolo es la pirámide truncada (sin la punta).

La tercera chakra está conectada con el plexo solar, en el área directamente encima del ombligo. Es el centro de la emoción y del poder y se llama *Svadhisthana*. Cuando esta chakra está

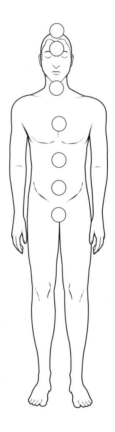

Figura 7: Las siete chakras en el cuerpo humano

bloqueada o desbalanceada, puede ocasionar ciertos síntomas o enfermedades entre los que se encuentran la vejez prematura, descontrol nervioso, fallos de ciertos órganos, incluyendo el cerebro, y cáncer. Síntomas psicológicos del mal funcionamiento de esta chakra son la avaricia y el egoísmo desmedido. Esta tercera chakra influye en las glándulas adrenales las cuales controlan el sistema nervioso simpático, la energía muscular, el latido del corazón, la digestión, la circulación y el humor de la persona. El desbalance de esta chakra o su abuso puede resultar en úlceras, desórdenes nerviosos y fatiga crónica. *Svadhisthana* es influenciada por el planeta Marte, su metal es el hierro, su sentido es la vista, su símbolo es el círculo.

La cuarta chakra se llama *Anahata* y está conectada con el centro del pecho. Por eso se conoce como la chakra del corazón. Este es el centro del amor y la compasión. Influye en la glándula thymus, la cual se encarga del uso adecuado de los aminoácidos y ayuda a crear inmunidad contra enfermedades. Esta chakra es influenciada por el planeta Venus, su elemento es el aire, su metal es el cobre, su sentido es el tacto, su símbolo es la cruz equilatera. *Anahata* o chakra del corazón es el centro enérgico de balance. Es el punto de contacto de la energía etérica que fluye entre el mundo material y el espiritual, la cual es utilizada en todo tipo de curaciones. Las personas que son excesivamente emocionales generalmente necesitan balancear esta chakra. Un método muy recomendado es frotar el área del centro del pecho, donde se encuentra esta chakra, con un cuarzo rosado programado con esta intención.

Figura 8: El aura rodea al cuerpo como un halo luminoso

La quinta chakra está conectada con el centro de la garganta y se llama *Visuddha*. Esta chakra es la que ayuda en el desarrollo de la clariaudiencia. Cuando una persona sufre de dolores de cabeza constantes, tensiones en el cuello o los hombros o rigidez de la mandíbula, son a menudo indicaciones que la chakra de la garganta está bloqueada o fuera de balance. *Visuddha* es el centro a través del cual la chakra del corazón tiene contacto con la chakra del tercer ojo. Por eso es imperativo que esta chakra esté siempre abierta. *Visuddha* influencia la glándula tiroides, la cual afecta el balance del sistema nervioso, el control muscular, el metabolismo y la producción del calor del cuerpo. Este centro es vital porque es el portal que conduce más allá del plano físico a los planos astrales. Es influenciada por el planeta mercurio, su elemento es el éter, su sentido es el oído, su metal es el azogue, su símbolo es el cáliz.

La sexta chakra está localizada en medio de los dos ojos y se conoce como *Ajna* o chakra del tercer ojo. Esta chakra desarrolla la clarividencia, la intuición y la telepatía. Cuando este centro empieza a desarrollarse, la persona comienza a tener visiones de colores extraños y vibrantes, de personas y sitios extraordinarios jamás antes vistos. Este es un preludio de las vistas indescriptibles del mundo astral. Se dice que el centro del tercer ojo controla la glándula pineal, la cual en muchos sistemas de magia y filosofía se considera como el asiento del alma, la conexión directa entre el cuerpo y el espíritu. Esta chakra es influenciada por el sol y la luna, sus metales son el oro y la plata, su símbolo es la estrella de seis puntas o estrella de David. Esta chakra está más allá de los cinco sentidos y del mundo material. Por eso no es influida por ningún sentido ni por ningún elemento.

La séptima chakra es conocida como el loto de los mil pétalos y se encuentra localizada sobre el centro del cráneo. Por eso se conoce como la chakra de la corona. Su nombre es *Sahasrara* y controla la glándula pituitaria. Esta es la región donde se logra la conciencia cósmica y la unión con Dios. La chakra de la corona está más allá de los cinco sentidos, de los elementos, los metales y los planetas. Su símbolo es la flor de loto, cuyas raíces están en el fango (la primera chakra), su tallo en el agua (las emociones simbolizadas por la cuarta chakra), pero sus pétalos están abiertos hacia la energía del infinito.

12

Prana y Pranayama

Prana es la energía vital que nos rodea, la energía cósmica que recibimos a través de las chakras o centros enérgicos del cuerpo etérico. La forma más rápida y efectiva de adquirir esta energía es a través de respiraciones especiales conocidas como pranayama. Éstos son todos términos sánscritos que vienen de la India porque este sistema proviene de la práctica del Yoga.

Es importante diferenciar entre el aire y prana. El prana no es el aire, pero se encuentra en éste. Por eso al respirar, junto con el oxígeno que inhalamos, también tomamos la energía conocida como prana. Muchos yogas creen que es tal el poder del prana que es todo lo que se necesita para poder existir, es decir, una persona que sabe absorber suficiente prana en su organismo y sintetizarlo no necesita de otro tipo de alimento.

Es por eso que muchos yogas de grandes conocimientos, como Mahatma Ghandi, han podido ayunar por largo tiempo sin morirse.

Naturalmente, que en nuestro caso no estamos interesados en utilizar al prana de esta manera. No es necesario ayunar para alcanzar los beneficios de esta energía, pero sí es necesario saber cómo respirar para poder recibir su gran poder energético.

Mi primera recomendación a aquellos de mis lectores que deseen desarrollar sus chakras y abrir sus canales de energía es aprender los ejercicios de pranayama, es decir a respirar de forma adecuada para recibir prana. Pero antes de empezar estos ejercicios, es necesario establecer ciertas disciplinas.

Es recomendable el vegetarianismo a aquellos que puedan o deseen llevarlo a cabo. Los que no puedan, por razones médicas o físicas, o no estén listos psicológicamente para tomar este paso, les recomiendo que por lo menos abandonen la carne de cerdo en todas sus formas, tales como jamón, tocino, salami y toda clase de embutidos. Coman carne roja lo menos posible y eviten todo marisco, con excepción al pescado. El tabaco en todas sus formas también es nocivo, así como todo tipo de drogas o estupefacientes o de licor.

La mejor forma de practicar el pranayama es inmediatamente luego de levantarse, después de la limpieza matutina, vestida la persona con ropas claras y sueltas y por la noche antes de dormir. Pranayama se puede practicar acostado, sentado y hasta de pie. Se comienza con la práctica del yoga de la muerte. Esto es sencillamente la relajación de todo el cuerpo, comenzando por los dedos y las plantas de los pies, y siguiendo por los tobillos, las pantorrillas, las rodillas, los muslos, los órganos genitales, el vientre, el pecho, los hombros, los brazos y manos, el cuello, la cara, el cráneo y el cuero cabelludo. Esto se logra concentrándose en cada parte del cuerpo y ordenándole a éste que se relaje del todo.

Esto se repite parte por parte, empezando por los pies hasta llegar a la cabeza. Al llegar aquí, la persona se va a sentir completamente relajada. Este es el momento adecuado para practicar la respiración de pranayama. La persona respira hondo, llenando de aire, no sólo el pecho sino toda la cavidad abdominal. Mientras respira va contando lentamente hasta cuatro. Cuando ha inhalado el aire, lo retiene sin exhalar mientras cuenta hasta cuatro de nuevo con el mismo ritmo con el que inhaló. Entonces exhala *todo el aire* dejando todo el pecho y abdomen vacío, también contando hasta cuatro. Se mantiene sin respirar mientras se cuenta hasta cuatro y luego se comienza el ciclo de nuevo.

Esto se repite para empezar cuatro veces por la mañana y cuatro por la noche si es posible. Luego se puede aumentar a seis, después a diez, y así sucesivamente, dependiendo del desarrollo de la persona. En otras palabras, el ejercicio es de esta manera:

1. Se respira hondo con el abdomen y el pecho mientras se cuenta hasta cuatro.

2. Se retiene el aire sin exhalar mientras se vuelve a contar hasta cuatro.

3. Se exhala todo el aire mientras se cuenta hasta cuatro.

4. Se aguanta la respiración mientras se cuenta hasta cuatro otra vez.

5. Se repite todo el proceso cuatro veces para empezar.

Es importante recordar que se inhala por la nariz y se exhala por la boca con los dientes cerrados haciendo un sonido sibilante como una ese larga. Es importante mantener la mente en blanco mientras se practica pranayama. Si algún pensamiento llega a obstruir la mente, se empuja suavemente hacia afuera hasta que la mente esté clara. Una vez que la persona sabe dominar su mente y controlar sus pensamientos puede utilizar pranayama para concentrarse en aquellas cosas que desea que sucedan.

El estado Alfa

El llamado estado Alfa es el momento en que estamos entre dormidos y despiertos, o bien relajados con la mente en blanco. A veces durante el día, cuando estamos descansando y la mente se entretiene en cosas banales, podemos caer sin darnos cuenta en el estado Alfa. En este momento, tenemos un canal abierto especialmente con nuestro subconsciente y es éste el que tiene un contacto directo con la fuerza cósmica creadora que conocemos con el nombre de Dios. El subconsciente es un gigante dormido que tiene el poder extraordinario de lograr todo lo que desea, de hacer cambios en la estructura de la materia y especialmente de hacer milagros.

Para lograr lo que más ardientemente deseamos en nuestras vidas, todo lo que en realidad tenemos que hacer es ponernos en contacto con nuestro subconsciente y dejarle saber lo que deseamos. Tan pronto el subconsciente se entera de lo que queremos toma todos los pasos necesarios para dárnoslo y eventualmente recibimos eso que tanto anhelamos. El problema está en hacerle llegar el mensaje al subconsciente ya que éste no es fácil de tocar. Pedir lo que se desea constantemente no siempre surte efecto. Las oraciones, que son también llamados al subconsciente, a veces llegan y a veces no, todo dependiendo de la fe y del fervor con que se rece. Por eso Jesús decía que todo aquel que tuviera fe aunque fuera el tamaño de un grano de mostaza podría mover las montañas. En este sentido, la fe es el impulso que dirige nuestros deseos hacia el subconsciente, el cual a través de su contacto con Dios, los puede hacer realidad. En otras palabras, todos nosotros tenemos un contacto directo con Dios, a través de nuestro subconsciente, el cual puede ser identificado con nuestra alma.

Había dicho anteriormente que a través del estado Alfa se puede tocar al subconsciente. ¿Cómo se llega entonces al estado Alfa conscientemente? La mejor forma es a la hora de acostarnos. Comenzar por el yoga de la muerte, seguida por los ejercicios de pranayama. De inmediato la persona se acomoda en la cama como lista para dormir y toma entre los dedos una sarta de cuentas cualquiera. En cada cuenta se repite lo que se desea lograr, un solo deseo, no varios. Es decir, la persona repite el mismo deseo en cada cuenta hasta que se queda dormida pasando las cuentas. En el momento en que empieza a adormilarse ya está entrando en el estado Alfa, de manera que si continúa repitiendo el mensaje, éste le va a llegar eventualmente al subconsciente.

Este ejercicio se repite siete noches seguidas. Si se hace exactamente como está descrito aquí, los resultados están asegurados. Es importante recordarles que no le manden mensajes destructivos o negativos al subconsciente, deseando daño hacia otra persona porque esto lo que logra es afectar el karma o destino de ustedes mismos de forma muy adversa y eventualmente tiene graves resultados. Al subconsciente sólo se le mandan mensajes para nuestra propia ayuda y desenvolvimiento.

13

Cómo abrir y energizar las chakras con los cristales

Cada chakra tiene ciertas conexiones astrales con una o más piedras. Estas piedras son muy efectivas cuando se desea abrir o energizar las chakras. La siguiente lista indica cuáles son las piedras más comúnmente asociadas con las distintas chakras.

Chakra	Nombre	Piedras
Primera	*Muladhara*	Hematita, obsidio, onyx, cuarzo ahumado, sardonyx
Segunda	*Svadhisthana*	Piedra de la luna, citrina, ambar, carnelia
Tercera	*Manipura*	Ágata, topacio

Chakra	Nombre	Piedras
Cuarta	*Anahata*	Cuarzo rosa, fluorito, malaquita
Quinta	*Visuddha*	Sugilito, angelito, turquesa
Sexta	*Ajna*	Lapis lazuli, azurito, zafiro
Séptima	*Sahasrara*	Amatista, diamante, cuarzo blanco

De acuerdo con la tradición yoga, cada chakra es representada por una flor de loto con cierta cantidad de pétalos. La flor de loto de la primera chakra tiene cuatro pétalos; la segunda tiene seis; la tercera tiene diez; la cuarta tiene doce; la quinta tiene dieciséis; la sexta tiene noventa y seis y la séptima tiene novecientos setenta y dos pétalos. La séptima se conoce también como la chakra de los mil pétalos.

Cada chakra tiene adjudicado un color, una mantra o sonido sagrado, controla ciertas funciones del cuerpo humano, además de proveer las energías necesarias para la solución de enfermedades, adicciones y problemas materiales o espirituales.

Chakra	Color	Mantra	Funciones físicas
Primera	Rojo	*lam*	Sistema reproductivo, piernas, pies, (base del bajo vientre) alcoholismo, olfato, dislexia, ansiedades, purificación de la sangre.
Segunda	Naranja	*vam*	El bazo, los riñones, la vejiga, sentido (debajo del ombligo) del sabor, excesos en las comidas y el azúcar.
Tercera	Amarillo	*ram*	Estómago, intestinos, hígado, diabetes, (plexo solar) sentido de la vista, adicción a la cafeína, páncreas, instintos.
Cuarta	Verde	*yam*	Corazón, pulmones, circulación, sistema (corazón) de inmunidad, glándula timo, alergias, sentido del tacto, adicción a la nicotina, marihuana y otras drogas, glándula adrenal, emociones.

Chakra	Color	Mantra	Funciones físicas
Quinta	Azul celeste	*jam*	Tiroides, paratiroides, respiración, cuello, (garganta) garganta, oídos, resfriados, sinusitis, comunicaciones, contacto con el ángel guardián.
Sexta	Azul oscuro	*om*	Pituitaria, hipotálamo, ojos, sistema (entrecejo tercer ojo) nervioso autónomo, telepatía, clarividencia, sistema endocrino, meditaciones.
Séptima	Violeta	*shhh*	Pineal, cabeza, cabello, sistema (corona de la cabeza) (silencio) central nervioso, metabolismo, unión con Dios.

Para abrir y energizar las chakras se utilizan no sólo sus colores sino también sus piedras y sus sonidos. El siguiente ejercicio es maravilloso para abrir y energizar estos centros etéricos.

El sistema de las chakras

El sistema de las chakras es una forma muy conocida y eficaz para abrir y energizar estos centros enérgicos. Se utilizan los colores, las piedras y las mantras o sonidos sagrados asociados con cada chakra.

1. La persona se acuesta boca arriba sobre una superficie plana y visualiza un círculo de luz a su alrededor.

2. Se relaja totalmente y procede a abrir sus chakras con un masajeador de cuarzo blanco o de selenito. Si es de cuarzo blanco debe purificar el cuarzo primero como ya he indicado. Para abrir las chakras todo lo que tiene que hacer es frotar con el masajeador el área donde están localizadas, empezando con la primera y terminando con la séptima. Las chakras se frotan diez veces, moviendo el masajeador en forma circular hacia la izquierda sobre la piel, según se mueven las manos del reloj.

3. Una vez abiertas las chakras, se coloca una de las piedras que la rigen en cada chakra. La persona hace seis paranayamas o respiraciones profundas según describí en la sección anterior.

4. En estos momentos, las chakras están abiertas y recibiendo la energía adicional de sus piedras. Para anclar esta energía se repiten las mantras de cada chakra veinte veces, visualizando una flor de loto de cuatro pétalos

en la primera chakra (lam), de seis pétalos en la segunda (vam), de diez en la tercera (tam), de doce en la cuarta (yam), de dieciséis en la quinta (jam), de noventa y seis en la sexta (om) y de mil en la septima (shhh!—silencio). Estas flores de loto abren sus pétalos lentamente a medida que se entonan las mantras.

5. La persona visualiza que la energía del cosmos entra y fluye a través de la séptima chakra y se extiende a todas las demás chakras, las cuales vibran fuertemente energizando y balanceando a su vez todo el organismo. Esta visualización de la energía descendiendo a través de la séptima chakra se repite diez veces mientras la persona inhala y exhala profundamente.

6. Al terminar este ejercicio, el cuerpo se va a sentir lleno de gran energía. No se recomienda hacer este ejercicio inmediatamente antes de dormir porque la energía que se recibe es muy potente y no permite conciliar el sueño con facilidad. Se debe hacer por las mañanas al levantarse para empezar el día lleno de fuerza y balance. También se puede hacer cuando la persona se sienta débil o enferma.

7. Existe una grabación en el mercado titulada "cantando a las chakras" (chanting the chakras), la cual incluye las veinte entonaciones de las mantras, y la cual se escucha mientras se hace esta meditación. Se aconseja escuchar esta grabación u otra similar durante la meditación para que eleve la conciencia a planos superiores.

Este ejercicio ha sido diseñado con el propósito de hacer a la persona más consciente de los centros de energía de su cuerpo, a la vez que le permite acumular grandes cantidades de energía para cualquier necesidad futura. Esta energía puede ser utilizada para aliviar todo tipo de enfermedades y

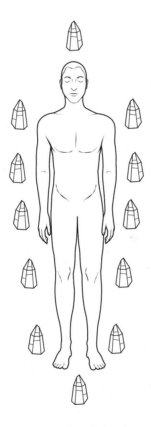

Figura 9: La posición de los doce cuarzos
durante la curación de enfermedades

adicciones o para solucionar problemas personales y adquirir nuestros más caros deseos. Es aconsejable repetir este ejercicio diariamente si es posible o por lo menos varias veces por semana.

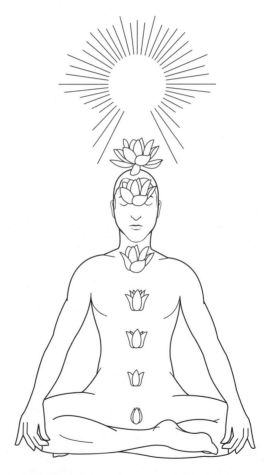

Figura 10: Cada chakra se visualiza como una flor de loto

14

Curaciones con cristales

El tipo de cristal que se usa en curaciones es el cuarzo blanco, generalmente el cuarzo de punta simple, aunque también se pueden utilizar cuarzos de doble punta en ciertas curaciones. En el método que vamos a describir aquí se usan sólo cuarzos blancos de punta simple.

Durante las curaciones con cristales las manos nunca tocan el cuerpo de la persona enferma. Las manos sólo se usan para suavizar y distribuir uniformemente la materia etérica del enfermo utilizando las energías del curador y las de los cristales.

El cuerpo etérico, el cual contiene las energías que son liberadas a través de las chakras, siempre atrapa y retiene todas las desarmonías de los distintos cuerpos espirituales. Estas desarmonías son las que ocasionan todas las enfermedades y desequilibrios en el cuerpo físico. A medida que una persona adelanta en su trabajo curativo con las chakras, sus facultades extrasensoriales se desarrollan de una forma extraordinaria. Eventualmente va a poder percibir toda la energía desarmónica que rodea el cuerpo de otra persona pasando las manos suavemente alrededor de su aura. El aura que está enferma o rota puede ser palpada por una persona con sus facultades curativas bien desarrolladas. Al principio, la persona que trata de curar va a tener dificultades en percibir el aura del enfermo, pero no por eso debe desistir en su empeño. Al contrario, debe insistir y continuar sus esfuerzos porque aunque no perciba el aura, ésta se encuentra alrededor de la persona enferma. La persona recibirá vibraciones enérgicas positivas a través del que trata de curar por muy poca que sea su experiencia.

Los cristales se usan para corregir toda la energía desbalanceada del organismo. Las manos se usan para concentrar y dirigir el flujo de la energía de los cristales. En otras palabras, los cristales que se utilizan en la curación crean un campo de fuerza electromagnética muy específica y compleja. Esta energía actúa rápidamente repolarizando todos los campos de energía del organismo, balanceándolos y cargándolos de fuerza cósmica. Las vibraciones del cuerpo físico del que sana son añadidas a las de los cristales para dirigir y concentrar el flujo de energías a través del cuerpo del enfermo. Esto se logra utilizando las manos para balancear y repartir de forma uniforme la energía a través del aura del enfermo.

Método

1. La persona enferma se acuesta boca arriba en una superficie cómoda. Su ropa debe ser suelta, no debe haber hebillas ni ningún objeto de metal en su cuerpo y debe estar preferiblemente descalza.

2. La persona que cura tiene primero que centralizarse y luego tiene que establecer contacto con la tierra. Para centralizarse debe sentarse en una silla con la espina dorsal erguida y los pies planos sobre el suelo. Inmediatamente se concentra en la cuarta chakra o chakra del corazón. Esto se logra haciendo cuatro respiraciones completas mientras se piensa en esa chakra y se sostiene la mente en ella. Una vez centralizada la persona hace contacto con la tierra. Esto se logra visualizando un hilo dorado que se extiende desde la base de la espina dorsal a través del piso hasta llegar al centro de la tierra donde se agarra de las rocas internas del planeta. Esta visualización se hace a través de cuatro respiraciones completas. Cada vez que se exhala se visualiza el cordón bajando al interior de la tierra hasta lograr establecer el contacto necesario. Estos dos ejercicios son indispensables para darle a la persona la fuerza magnética necesaria para llevar a cabo su trabajo curativo.

3. El próximo paso es sensibilizar las manos para llevar a cabo la curación. Ésto se logra frotando las manos rápidamente la una contra la otra hasta que las palmas estén bien calientes. Entonces se toma uno por uno los cristales que se van a usar en la curación y se toca la punta de cada uno contra la palma izquierda. Luego cada cristal se pasa en forma circular como a tres pulgadas sobre la palma de la mano, repitiendo el movimiento seis veces.

4. Antes de usar los cristales éstos deben estar limpios y programados de antemano con la intención para lo cual se van a utilizar, usando el nombre de la persona enferma. Al terminar la curación, los cristales se limpian como ya se explicó anteriormente. Luego pueden ser utilizados para otras cosas. Es importante recordar que para cada uso el cristal o piedra tiene que ser limpiado y reprogramado.

5. En este tipo de curación se usan doce cristales de punta simple pequeños, es decir, de un tamaño no mayor de dos pulgadas. También se necesita un cristal generador, es decir un cristal grande de un mínimo de cuatro pulgadas de largo y tres de ancho. El cristal generador se programa especialmente para aumentar y concentrar las energías de otros cristales más pequeños.

6. La persona enferma se acuesta boca arriba sobre una superficie plana con los brazos extendidos a lo largo del cuerpo. Los doce cristales se colocan con las puntas hacia arriba aproximadamente a seis pulgadas del cuerpo.

7. Los cristales se colocan de la siguiente manera: un cristal arriba del centro de la cabeza; un cristal debajo de los pies, en línea directa con el de la cabeza; un cristal en el hombro izquierdo; un cristal en el hombro derecho; un cristal en el codo izquierdo; un cristal en el codo derecho; un cristal en la muñeca izquierda; un cristal en la muñeca derecha; un cristal en la rodilla izquierda; un cristal en la rodilla derecha; un cristal en el tobillo izquierdo; un cristal en el tobillo derecho. Recuerde que cada cristal se coloca a seis pulgadas de distancia del área que le corresponde.

8. Estos doce cristales forman una doble estrella de David, la cual, como todos saben, es una estrella de seis puntas. En este caso, forma una estrella de doce puntas.

9. Cuando todos los cristales están en su sitio, se toma el cristal generador y comenzando por el cristal de la cabeza, se pasa sobre cada uno de los cristales formando un círculo alrededor del cuerpo. Es decir, se usa el cristal generador para unir las energías de los doce cristales pequeños que rodean al cuerpo. Es importante recordar que el círculo debe formarse siguiendo la dirección

de las manillas del reloj, es decir, moviéndose hacia la derecha en vez de hacia la izquierda. El cristal generador se mantiene siempre a una distancia de dos pulgadas de cada cristal pequeño mientras se va dando vuelta al círculo de cristales. Este movimiento alrededor del cuerpo se repite un total de doce veces.

10. Mientras se hacen los doce círculos sobre los cristales con el cristal generador, se visualiza un círculo de energía que fluye alrededor del cuerpo.

11. Al terminar las doce circulaciones, se coloca el cristal generador a un lado y la persona que cura se para al costado del enfermo en línea directa con su plexo solar, es decir, el área que está entre el ombligo y las costillas.

12. El curador extiende las manos, palmas hacia abajo, sobre el plexo solar del enfermo a seis pulgadas de distancia del cuerpo de éste. El curador se concentra en las energías que sabe que están creciendo entre sus manos y el cuerpo del enfermo. Si se concentra bien, va a notar que la palma de las manos le comienza a picar. Si no siente picazón quiere decir que aún necesita desarrollar sensibilidad, pero aun así no debe preocuparse, porque aunque no la perciba, la energía está presente.

13. El curador comienza a mover las manos sin tocar al enfermo, siempre a seis pulgadas de distancia de su cuerpo, como si estuviera acomodando la energía en forma uniforme sobre su cuerpo. Este movimiento de las manos,

lento y pausado, de arriba a abajo, se repite varias veces. A medida que la persona que cura va adquiriendo más experiencia en este tipo de curación, va a comenzar a palpar el aura de la persona y va a poder percibir a través de sus dedos cuando el área está bloqueada o rota. Para reparar estos bloqueos o roturas, se usan las manos como cuando se está frotando una superficie para sacarle brillo.

14. Tan pronto el curador está seguro de que el campo de energía que rodea el cuerpo del enfermo ha sido reparado, deja de pasar sus manos por el cuerpo de éste. El enfermo se deja descansar unos minutos rodeado de la formación de cristales. Luego éstos se recogen y se guardan. El enfermo se mantiene acostado hasta que sienta deseos de levantarse.

Este tratamiento de la doble estrella de David con doce cristales se puede repetir una vez por semana hasta que el enfermo sienta mejoría. Algunas personas perciben ciertas reacciones a veces adversas al recibir este tratamiento. Esto se debe a que el individuo necesita ajustar su organismo para recibir energías cósmicas concentradas. Cuando esto sucede y la persona se queja de dolor de cabeza o de nerviosismo, el curador simplemente conduce el tratamiento de forma más lenta y más simple.

Autocuración

Cuando la persona que habitualmente cura a otros a través de los cristales se encuentra enferma a su vez, también tiene la posibilidad de efectuar su propia curación usando los cristales. El método difiere de forma radical pero hace uso también de doce cristales.

1. Se colocan los doce cristales en un círculo en la configuración aproximada de la estrella doble de David, teniendo cuidado de dejar suficiente espacio para acomodar el cuerpo de la persona.

2. Se toma el cristal generador y se hacen las doce circulaciones comenzando por el cristal de la cabeza, repitiendo estos movimientos doce veces, vinculando de esta manera los doce cristales pequeños.

3. La persona se acuesta en el espacio que dejó en el medio de los doce cristales y procede a abrir las chakras como se indicó anteriormente, usando los ejercicios del pranayama.

4. Se respira hondo y se enfoca la mente en la chakra de la espina dorsal. Al exhalar se visualiza un rayo de luz que sube de esta chakra a través del centro del cuerpo, vinculando todas las chakras y conectándolas con la chakra de la corona.

5. Cuando esta energía de luz llega a la corona, se visualiza saliendo a través del centro de la cabeza en forma de una fuente de luz que surge como si fuera agua de la chakra de la corona.

6. Según esta luz surge de la corona, va bajando y tocando los cristales que conectan el cuerpo, en los hombros, los codos, las muñecas, los tobillos y los pies.

7. Este proceso se repite hasta que se siente que el círculo ha sido completado y que el aura ha sido regenerada.

8. En estos momentos la persona continúa el tratamiento formando una línea de luz imaginaria entre el cuarzo del hombro izquierdo y el del hombro derecho; entre el cuarzo del codo izquierdo y el derecho; entre el cuarzo de la muñeca izquierda y la derecha; entre el cuarzo de la rodilla izquierda y la derecha; entre el cuarzo del tobillo izquierdo y el derecho; entre el cristal de los pies y el de la corona.

9. La persona se queda en la configuración de los doce cuarzos por unos quince minutos, meditando en su salud y haciendo sus ejercicios de respiración de pranayama.

Recuerde que al terminar esta sesión, como en todo tratamiento, los cristales se retiran, se limpian y se reprograman en lo que se van a usar de nuevo.

15

El agua de cristal

Uno de los métodos más conocidos para curar todo tipo de enfermedades y para energizar el aura es llamada agua de cristal. Ésta se prepara con un cristal de cuarzo blanco, aunque algunas personas prefieren usar piedras de colores para alimentar las distintas chakras.

Para preparar el agua de cristal se llena un recipiente de cristal o vidrio transparente con agua de manantial o agua destilada, un galón de agua es suficiente. En el fondo del recipiente se coloca un cristal de cuarzo blanco de tamaño mediano, es decir de no más de dos pulgadas de largo. Este cristal se programa de antemano con la intención de que va a energizar el agua. Recuerde que el cristal tiene que haber sido limpiado antes de ser programado. El cristal de cuarzo blanco generalmente se usa como método preventivo, para evitar enfermedades. También se usa para energizar el aura y las chakras. Cuando una persona ya está enferma y se desea preparar el agua de cristal para ayudarla en el proceso curativo, se recomienda usar una amatista no muy grande, preferiblemente sin pulir, ya que este cuarzo violeta es muy bueno para todo tipo de curaciones. Igual que el cuarzo blanco, la amatista o cuarzo violeta tiene que ser limpiada y programada antes de ponerse dentro del agua.

Una vez que el cristal está programado y colocado dentro del recipiente se sensibilizan las manos frotándolas rápidamente una contra la otra hasta que están bien calientes. Inmediatamente se colocan sobre la boca del recipiente de agua, con las palmas hacia abajo, como tres o cuatro pulgadas de distancia de éste. Si las manos de la persona son sensibles y su concentración es fuerte, va a sentir una especie de vibración entre sus manos y el agua. En estos momentos la persona comienza a mover las manos en forma de círculo sobre el recipiente, en la dirección que se mueven las manos del reloj, es decir, hacia la derecha. Este movimiento se repite tres o cuatro veces. Si la persona ha sensibilizado bien sus manos va a notar un cambio definitivo entre las manos y el agua de cristal.

Lo que ha sucedido es que a través de su magnetismo la persona ha logrado cambiar las propiedades físicas y electromagnéticas del agua de manera que ahora éstas son idénticas a las de la piedra de cuarzo. El cambio es evidente al probar el agua, la cual cambia de sabor al efectuarse la transmutación de energías. Este intercambio de energías entre la piedra y el agua incluye, no sólo los atributos y los poderes curativos de la piedra y sus vibraciones energéticas, sino también la programación que se le hizo antes de colocarla dentro del recipiente.

Al tomar el agua, la persona que la ingiere absorbe todas sus cualidades curativas, la programación recibida y sus energías específicas. Si la persona necesita esa energía de inmediato, puede tomar el agua tan pronto ésta ha sido preparada. Pero siempre es aconsejable que el recipiente se coloque en un sitio donde le dé sol por un mínimo de veinticuatro horas. También es posible, para intensificar las energías del agua de cristal, cubrir el recipiente con una pirámide hecha con cuatro pedazos de cartulina blanca cortados en forma de triángulo y pegados con algún adhesivo.

Muchas personas preparan agua de cristal para cada una de las distintas chakras utilizando el cristal o piedra que le corresponde a cada una. Cuando desean energizar una chakra en especial, toman el agua de cristal que le pertenece a esa chakra. Por ejemplo, para preparar agua de cristal de la chakra del corazón, se utiliza un cuarzo rosa, para la chakra del plexo solar se usa una malaquita, y así sucesivamente.

El agua de cristal se puede preparar para otras personas. En estos casos se debe preparar en casa de la persona que cura y luego dársela en una botella bien cubierta al enfermo, con instrucciones específicas de cómo debe tomar el agua. Cuando una persona está muy enferma, se recomienda tomar un vasito pequeño de agua cada quince minutos durante la primera hora, y luego en dosis más pequeñas durante el resto del día. Cuando sólo se desea adquirir energía adicional, sólo es necesario tomar un vasito del agua de cristal una vez al día mientras se necesita.

16

El uso de la pirámide con el cristal

El cristal de cuarzo blanco puede ser usado en meditaciones en conjunción con la pirámide para lograr estabilidad y para ayudar a entrar en el estado Alfa. Este es el estado durante el cual estamos en contacto directo con nuestro subconsciente, a través de cuyos poderes extraordinarios podemos conseguir nuestros más caros deseos.

Durante esta meditación la persona trata de usar distintos colores para energizar su aura y atraer a ciertos estados mentales. Los colores se usan a través de visualizaciones, de acuerdo con la siguiente lista.

Los colores y sus cualidades

Color	Propiedades	Cuando usarlo
Rojo	Fuerza, poder	Depresión, falta de vitalidad
Naranja	Valor, seguridad	Inseguridad, dudas
Amarillo	Alegría, energía	Miedo y tensión
Verde	Curaciones, balance	Egoísmo, celos, enfermedades
Azul	Paz, serenidad	Nerviosismo, inquietud
Azul añil	Intuición, mente alerta	Bloqueo, indecisión
Violeta	Creatividad, iluminación	Enfermedades mentales, inmadurez
Blanco	Pureza	Para protección y desarrollo espiritual

Antes de comenzar la meditación la persona debe decidir qué problema o condición específica desea curar o alterar. Una vez que ha hecho esta decisión procede a seleccionar el color apropiado para ayudar a balancear su aura y adquirir las energías que le hacen falta.

Método

Como en todo tipo de meditación, el sitio donde ésta va a tener lugar es de gran importancia. Es aconsejable escoger un lugar tranquilo y alumbrado tenuemente. Muchas personas prefieren usar música pregrabada, del tipo conocido como música de la nueva era; es decir, música suave e inspiracional. Entre los compositores más conocidos de este tipo de música está Kitaro. Si se va a usar música la persona tiene que asegurarse que ésta va a durar todo el tiempo de la meditación para que no haya interrupción. También se recomienda en algunos casos el uso de mandalas, es decir de ciertos diseños geométricos de forma circular, los cuales ayudan a calmar la porción izquierda del cerebro, que es la mecánica y racional. Esto permite que la porción del lado derecho, que es la intuitiva, funcione más rápidamente.

La persona se sienta en el suelo o en una silla de espaldar firme. La ropa debe ser suelta y la persona debe tratar de relajarse lo más posible pero teniendo cuidado de no quedarse dormida.

1. Se cierran los ojos. Entre las manos se sostiene un cristal de cuarzo blanco preprogramado con la intención de que intensifique la meditación con las pirámides.

2. Se respira tres veces consecutivas por la nariz, procurando llenar bien los pulmones.

3. Se sostiene cada respiración mientras se cuenta hasta tres.

4. Se exhala la respiración por la boca, manteniendo los labios fruncidos, como si se fuera a silbar. El aire se exhala en tres bocanadas cortas y rápidas, sacando todo el aire de los pulmones.

5. Este proceso se repite dos veces más. Es posible que la persona sienta la cabeza un poco liviana al terminar. Ésto es efecto del oxígeno en la sangre.

6. La persona comienza a contar hacia atrás desde nueve hasta uno. Esto establece un patrón de respiración profundo, rítmico y natural.

7. La persona "informa" a su subconsciente que la traiga de vuelta a la realidad al término de quince minutos. Si lo hace así, invariablemente al término de quince minutos sale automáticamente del trance meditativo. Si no, puede pasarse del tiempo que se ha dado a sí misma para conducir la meditación.

8. Con los ojos aún cerrados se escoge el color con el cual se va a meditar.

9. Mentalmente se visualiza una pirámide de cuatro lados alrededor del cuerpo.

10. La punta de la pirámide debe ser formada como un pie sobre el centro de la cabeza.

11. Esta pirámide, dentro de la cual está sentada la persona, se visualiza llenandose poco a poco de color escogido, hasta estar completamente saturada de este color.

12. Mentalmente se dirige el color hacia todas las áreas más débiles del organismo.

13. La mente se mantiene en blanco y los músculos relajados hasta que se llega a un estado de conciencia superior. Éste se deja conocer porque la persona se siente "elevada", en una extraña euforia mental y espiritual donde se mantiene flotando en una paz total y una gran serenidad. Muchas personas tienen visiones del futuro o reciben mensajes de fuerzas de luz cuando se encuentran en este estado, que es el que conocemos como el estado Alfa, el cual ya hemos descrito anteriormente.

14. El cristal de cuarzo se mantiene siempre sobre la falda entre las dos manos con la punta hacia arriba. Una vez que la pirámide está llena del color escogido, la persona dirige su atención al cristal y visualiza que éste está creciendo hasta que está casi del tamaño de la pirámide imaginaria que rodea a la persona.

15. Ahora la persona procura proyectarse dentro del cristal imaginando que entra dentro de éste, a través de uno de sus lados.

16. El interior del cristal se visualiza claro y transparente y la persona se ve flotando dentro de él, llenándose de sus energías radiantes e intensificando a través de éstas el color de la pirámide y sus propiedades curativas.

17. A los quince minutos, cuando el subconsciente avise que la meditación llega a su término, la persona "sale" del cristal por el lado opuesto de donde entró.

18. El cristal se visualiza cada vez más pequeño hasta que regresa a su tamaño natural.

19. La persona se encuentra de nuevo sentada dentro de la pirámide imaginaria, con el cuarzo en las manos.

20. Se cuenta lentamente del uno al nueve hasta regresar a la conciencia normal.

21. Muchas personas aprovechan la oportunidad de encontrarse en el estado Alfa para expresar algo que desean lograr. Esto es posible si la persona está segura de que ha alcanzado el estado Alfa, el cual se distingue por la sensación de estar muy lejos de la realidad, donde la persona se siente "flotar" entre dormida y despierta.

Este ejercicio es estupendo para calmar los nervios, desarrollar la intuición y la clarividencia y para establecer contacto con fuerzas superiores, pero es importante mantener la mente en blanco mientras se medita, y la visualización del color escogido debe ser tan fuerte que la persona sienta que todo su ser vibra en ese color.

17

Cómo leer
la bola de cristal

Leer la bola de cristal es un proceso a través del cual la persona trata de usar un cristal para enfocar y concentrar sus poderes de visualización y de clarividencia. Estos poderes se desarrollan con la intención de adquirir información del subconsciente el cual tiene conocimientos totales sobre el pasado, el presente y el futuro. Este estado mental exaltado o alterado se conoce a veces como trance.

Existen muchas formas de leer o escudriñar en el subconsciente. Por ejemplo, se puede leer en el agua, en tinta negra, espejos mágicos y hojas de té. La bola de cristal de cuarzo es particularmente efectiva porque amplifica las vibraciones etéricas alrededor de la persona y ayuda a ésta a concentrarse con mayor facilidad. Además, el cuarzo energiza a la persona que lo utiliza y eleva sus vibraciones de manera que el estado de trance es más profundo.

Como todo trabajo con cristales, leer la bola de cristal requiere fuerza de voluntad y una mente clara y tranquila. Por esto se recomienda que la persona haga unos cortos ejercicios de pranayama ya descritos, antes de comenzar el proceso. Si la mente está confusa o agitada, es imposible tener resultados positivos con la bola de cristal.

Muchas personas prefieren trabajar con bolas de cristal absolutamente transparentes. Otros prefieren bolas donde el cristal tiene imperfecciones o está nublado ya que usan la imperfección o marca en el cristal para enfocar su atención. Esta marca se conoce como un portal del plano astral. Lo más importante que tienen que recordar es que la bola de cristal nos escoge a nosotros. Es decir, la bola de cristal que tiene afinidad con una persona establece un eslabón de simpatía con ésta, de manera que la persona se sienta atraída hacia esa bola en especial y siente deseos de comprarla y trabajar con ella.

De manera que uno de los principales criterios que se debe usar para escoger una bola de cristal es el grado de atracción que sentimos hacia ella. Cuando encontremos una bola que de verdad nos gusta, es sin duda la que debemos adquirir para nuestro trabajo clarividente.

Antes de describir el método que se usa para leer la bola de cristal es importante saber dos cosas. Primero, la persona tiene que usar concentración relajada, es decir, debe evitar estar tensa, pero debe estar completamente enfocada.

Si la mente tiende a divagar, hay que traerla de nuevo a su punto de enfoque. Segundo, la persona tiene que mantener la vista difusa mientras está leyendo la bola de cristal. Esto se logra manteniendo a los ojos fuera de foco. Para tener una idea de cómo se logra, mire directamente hacia el frente mientras hala un poco hacia las orejas las esquinas de los párpados. El resultado es que los ojos van a quedar un poco "achinados" y que la visión va a estar difusa, sin enfoque directo.

Trate de lograr esta difusión de la vista sin tener que estirar los párpados. Esta es la mirada difusa que tienen que utilizar al leer la bola de cristal. La difusión de la vista es importante porque ayuda a la persona a crear un estado alterado de conciencia.

Método

1. El cuarto donde se va a leer la bola de cristal debe estar en penumbra. La bola se pone sobre una superficie oscura que no refleje luz alguna, como terciopelo negro. Se coloca una vela o bombillo detrás de la bola de manera que la ilumine del todo.

2. La persona se sienta en una silla de espaldar derecho con la espina dorsal bien recta. La persona se centraliza en la chakra del corazón y hace contacto con la tierra de la forma antes descrita.

3. La bola de cristal se aclara pasándola varias veces por incienso de sándalo o por mazos de yerbas secas de las que se venden en las tiendas de cristales. Estos mazos de yerbas

se conocen en inglés como "smudge sticks" y se venden en diferentes tiendas. Las yerbas están amarradas y listas para quemar como incienso. Tienen forma de antorcha y entre las plantas que contienen está la salvia y el cedro. El olor no es dulce pero es muy efectivo para todo tipo de purificaciones.

4. Después de aclarar la bola hay que energizarla. Esto se logra tomando la bola entre las manos y frotándola varias veces. Luego se inhala por la nariz sintiendo que al respirar se extrae la vitalidad de la bola, mezclándola con la propia. Al exhalar por la boca se envía parte de la energía vital del cuerpo a integrarse totalmente con la vitalidad del cristal. Estas dos energías se visualizan unidas, intercambiando fuerzas.

5. Se procede con la difusión de la vista.

6. Se enfoca la vista en un punto específico de la bola. Se relaja el cuerpo y la mente y se concentra la atención totalmente en ese punto. Mientras más se observa esa área, la bola aparentemente crece de tamaño. La persona debe tratar de perder conciencia de sí misma y tener conciencia sólo de la bola de cristal.

7. En este momento la persona siente que está dentro del cristal. Sólo existe el cristal para ella y lo que se encuentra dentro de éste. La persona se encuentra en un estado alterado de conciencia, es decir, en estado de trance.

8. En este momento, la persona puede actuar de forma distinta a su personalidad acostumbrada. Puede hablar automáticamente sin tener control de lo que dice o puede hacer uso de la facultad de escritura automática.

9. Es importante no inhibir ni tratar de controlar ninguna acción espontánea que resulte a través de esta meditación, siempre y cuando esta acción no sea negativa o destructiva.

10. En este momento, la persona puede hacer cualquier pregunta mentalmente sobre un tópico que le interese. Si no tiene una pregunta específica, debe dejar que el cristal le mande impresiones espontáneas de lo que va a pasar. Estas impresiones o visiones que se ven directamente en el cristal o en la mente pueden ser descritas a un ayudante o pueden ser dictadas directamente a un magnetófono o grabadora.

11. Otra forma de usar la bola es visualizando que ésta se nubla. La persona continúa concentrándose en esa nublación hasta que percibe que en el medio de ésta se abre un círculo. Al fondo de este círculo se encuentra una visión con la información deseada. La persona observa bien esta visión y escribe o graba lo que está observando.

12. Cuando la persona siente que ha recibido todas las impresiones o mensajes que había para ella dentro del cristal, es hora de terminar la sesión.

13. Para terminar la sesión, la persona comienza por relajar todas las tensiones que surgen naturalmente como resultado de la meditación. Generalmente se tiene la sensación de estar flotando dentro de la bola de cristal. Poco a poco la persona se visualiza a sí misma saliendo de adentro de la bola. Continúa este proceso hasta que percibe de nuevo a la bola frente a ella. La vista se regresa a la visión normal.

14. La persona vuelve a centralizarse y a formar contacto con la tierra. La bola de cristal se aclara de nuevo con incienso, al igual que la habitación y la persona. La bola debe ser cubierta y guardada en un sitio especial hasta que vaya a ser usada de nuevo.

Al principio sólo se debe usar la bola de cristal por un máximo de diez minutos. Cuando la persona siente que puede extender el tiempo sin cansarse ni esforzando en exceso sus ojos o su capacidad de concentración, puede prolongar la sesión en incrementos de cinco minutos cada vez. Hay personas que pueden usar este método por varias horas sin fatigarse, pero esto requiere experiencia y mucha práctica.

18

Cómo usar
el péndulo

El péndulo es uno de los métodos más antiguos de adivinación. Un péndulo puede ser cualquier objeto suspendido en una cadena o un cordón. Algunas personas usan una sortija como péndulo, especialmente aros matrimoniales, pero en realidad el material más efectivo en la preparación de un péndulo es un cuarzo blanco de punta simple no mayor de tres pulgadas de largo. Como la bola de cristal, el cristal del péndulo debe ser escogido de acuerdo con nuestra afinidad con él.

El cristal no tiene que ser absolutamente claro. Muchas personas prefieren un cristal lechoso o con grietas en su superficie ya que este tipo de cristal tiende a tener más carácter o "personalidad" que las piedras perfectas.

Una vez que el cristal ha sido escogido, éste se aclara y se programa de forma parecida a la bola de cristal, es decir, usando incienso. Luego de haber sido programado, el cristal se ata con un pedazo de alambre fino, de oro o de cobre, y se cuelga de una cadena o de un cordón. La punta debe estar libre y señalar hacia abajo.

El péndulo oscila a través de movimientos musculares involuntarios. Éstos son controlados por el sistema nervioso simpático que rige el subconsciente. Éste es el mismo sistema que controla nuestra respiración, los latidos del corazón y la circulación de la sangre.

Muchas personas ordenan al péndulo que se mueva hacia atrás y hacia adelante para indicar que sí, y de un lado a otro para indicar que no. Pero en realidad este método es dudoso porque no es seguro que el subconsciente acepte esta orden. Es preferible dejar que sea el péndulo el que decida cómo va a contestar una pregunta. Para lograr esto, se comienza por demostrar al subconsciente, o al péndulo, que es la misma cosa, los cuatro movimientos que se pueden hacer con el péndulo. Estos movimientos son:

1. De atrás hacia adelante y viceversa.

2. De un lado hacia otro, es decir, de izquierda a derecha y viceversa.

3. En forma circular, en la dirección de las manecillas del reloj.

4. En forma circular, en la dirección opuesta a las manecillas del reloj.

Una vez que se le han "enseñado" estos cuatro movimientos al péndulo, se le pregunta a éste, "¿cómo vas a contestar que sí?" Se espera unos minutos y el péndulo se va a mover de la manera que significa sí para el subconsciente. Luego se le pregunta cómo va a contestar que no, y también cómo va a contestar "no sé", y "no deseo contestar la pregunta". Es interesante, pero generalmente el péndulo escoge el movimiento adecuado para contestar cada una de las cuatro preguntas sin usar el mismo movimiento para más de una pregunta.

Algunas personas se preguntarán por qué el péndulo puede contestar "no sé" o "no deseo contestar a esa pregunta" cuando el subconsciente tiene todo el conocimiento del universo a su disposición. La razón es que hay casos en que existen ciertos bloqueos en el subconsciente que no permiten que ciertos datos se filtren a la parte consciente de la personalidad. Estos bloqueos son creados inconscientemente por la misma persona que no desea enfrentar ciertos sucesos o realidades de su vida. Por eso el péndulo contesta "no sé" o "no deseo contestar".

Es importante saber esto porque cada vez que el péndulo conteste con una de estas dos formas a una pregunta ya la persona sabe que existe cierta resistencia en su yo interno a esa pregunta y a su contestación. No es aconsejable forzar al subconsciente a aceptar algo que no quiere enfrentar, pero sí es importante tratar de averiguar de forma sutil cuál es la razón para este bloqueo.

Método

1. Para saber el sexo de un niño antes de nacer, el péndulo se coloca sobre la cabeza de una mujer y se observa cómo se mueve. Ese movimiento es indicativo del sexo femenino. Luego se pone el péndulo sobre la cabeza de un hombre y de nuevo se observa su movimiento que simboliza el sexo masculino. Una vez que se sabe cómo identifica el péndulo los dos sexos, se suspende el péndulo sobre el vientre de la mujer embarazada y se le pregunta cuál es el sexo de la criatura. Generalmente el péndulo se mueve en forma de círculo para indicar el sexo femenino y de atrás hacia adelante para indicar el sexo masculino, pero siempre es preferible dejar que cada péndulo escoja su movimiento.

2. Para probar si el péndulo está funcionando correctamente se toman seis fotos, tres de hombres y tres de mujeres. Se mezclan y se ponen boca abajo sobre una mesa. Se coloca el péndulo sobre cada foto, una por una, y se observa su movimiento. Cuando ya el péndulo ha indicado el sexo de la persona de acuerdo con su movimiento, se voltea la foto para comprobar si el péndulo estaba correcto.

3. Otra forma de probar el péndulo es mezclando cinco cartas de póker, las cuales como bien sabemos pueden tener diseños rojos o negros. De estas cinco cartas cuatro deben ser negras y una roja. Se mezclan y se ponen

boca abajo sobre una mesa. Se le pide al péndulo que identifique la carta roja con el movimiento que indica la respuesta "sí". Este ejercicio se practica varias veces hasta estar seguros de que el péndulo se mueve correctamente. Esto demuestra la importancia de la concentración y de la fuerza de voluntad para controlar el subconsciente. La persona que puede utilizar el péndulo de esta manera tiene un camino abierto en su subconsciente.

4. El péndulo también puede encontrar personas o cosas perdidas. En estos casos es necesario tener un mapa de la zona donde se perdió la persona o el objeto y pedirle al péndulo que escoja el área donde ocurrió la pérdida. Una vez que se ha establecido el área, se procede a determinar el sitio específico donde está la persona u objeto.

5. También es posible establecer la inocencia o la culpabilidad de una persona ya sea en casos simples o en casos complicados como robos y otros tipos de crímenes. Esto se logra utilizando las fotos de las personas de quienes se sospechan.

Son tantos los usos que se le puede dar al péndulo que es imposible describirlos todos aquí. Pero sí les aconsejo a mis lectores que experimenten con el péndulo. Es un sistema simple y a la vez de una gran profundidad científica, a través del cual una persona puede establecer un contacto definitivo con los misterios de su propio yo.

19

Cómo resolver problemas con las piedras y cristales

Las piedras y cristales tienen grandes energías cósmicas las cuales podemos utilizar para resolver nuestros problemas personales, para mejorar nuestra salud mental y física y para protegernos de peligros físicos y espirituales. Pero estos minerales no tienen el poder de darnos esta ayuda si nosotros no establecemos una interacción, un eslabón específico con ellos, a través del cual podemos utilizar estas energías adicionales. La mejor forma de interaccionar con una piedra o cristal es limpiándola, programándola y usándola a menudo para establecer de esta manera un vínculo personal con el mineral. Las piedras se frotan, se sostienen en las manos, se cargan sobre la piel y se les pide energía y ayuda en momentos difíciles. Sólo de esta forma pueden compartir con nosotros sus energías y su fuerza cósmica.

Algunas piedras protegen, otras nos dan fuerzas para enfrentar los problemas de la vida, otras nos inspiran y nos ayudan a resolver situaciones difíciles. Esto sucede siempre a través del vínculo que establecemos entre la piedra o cristal y nuestro subconsciente. La siguiente lista nos dice cuáles piedras o cristales se usan en problemas específicos. Cuando se desea usar una piedra para ayudarnos a resolver un problema, la piedra puede cargarse en una bolsita de terciopelo o seda de color neutral, se puede montar en una sortija o en una cadena, o se puede usar de la manera que más nos guste. Lo importante es recordar que es necesario limpiar y programar la piedra o cristal como ya hemos indicado.

Piedra o cristal	Problemas o necesidad
Ágata	Miedos, inseguridad, depresión, toxinas, protección en los viajes
Alejandría	Pesimismo
Amazonita	Soledad
Ámbar	Tensiones excesivas
Amatista	Falta de intuición
Aquamarina	Protección en viajes de mar
Aventurina	Falta de oportunidades en los negocios
Azabache (Jet)	Protección contra peligros externos
Azurita	Mente poco despierta
Carnelian	Falta de energía
Calcedonia	Letargo emocional
Crisocola	Problemas amorosos, confusión emocional

Piedra o cristal	Problemas o necesidad
Coral	Falta de energía, anemia
Cuarzo rosa	Sentido de inferioridad
Cuarzo ahumado	Falta de sostén emocional
Cuarzo blanco	Incapacidad para la comunicación
Diamante	Inseguridad material
Esmeralda	Falta de percepción, torpeza
Granada	Intolerancia, poca popularidad
Jade	Insomnio, falta de practicalidad
Jasper	Tensiones emocionales, inseguridad
Lapis lázuli	Incapacidad para mandar o dirigir
Malaquita	Falta de balance interno
Obsidio	Sensibilidad excesiva
Ojo de tigre / de gato	Poca visión
Onyx	Necesidad de protección contra el medicamento
Ópalo	Incapacidad para amar
Perla	Dificultad de expresión
Peridot	Falta de control de las emociones
Piedra de la Luna	Insensibilidad
Piedra de sangre	Bloqueos, limitaciones, problemas sanguíneos, tumores
Rhodocrosito	Trauma emocional
Rhodonito	Falta de estimación propia
Rubí	Miedo a ser despreciado
Sardonyx	Invasión de influencias externas

Piedra o Cristal	Problemas o necesidad
Sodalito	Conciencia pesada
Topacio	Sentimiento de ira
Turmalina	Miedo al fracaso
Turquesa	Preocupaciones y confusión mental
Zafiro	Falta de oportunidades

Las piedras también se pueden utilizar para ayudarnos a funcionar mejor en nuestro medio ambiente, incluyendo el control de malos hábitos.

Para desarrollar facultades espirituales
Amatista: Intuición
Lapis lázuli: Sabiduría
Ópalo: Abnegación, mediunidad
Piedra de la Luna: Sensibilidad, humanismo

Para dejar de fumar y de beber, y otros hábitos dañinos
Cristal de roca
Cuarzo blanco
Rhodocrosito

Para proteger a los viajeros
Aquamarina: Viajes por mar
Ágata de listas: Viajes por aire
Ágata de la India: Viajes por auto

Para la protección en el manejo de maquinarias
Jasper

Para la eficiencia en el manejo de una casa
Coral

Para la productividad y adelantos en la profesión
Ágatas
Esmeralda
Rubí
Zafiro

Para la relajación, alegría y buen humor
Chrysocolla
Jade
Sodalito
Turquesa

Uno de los usos más comunes de las piedras y los cristales es en la curación de enfermedades o en el alivio de sus síntomas. Ya discutimos cómo se puede curar utilizando los cristales en posiciones específicas. En la siguiente lista podemos apreciar cuáles son las piedras y cristales que se utilizan para aliviar enfermedades específicas.

Piedra o Cristal	Acción curativa
Agata azul	Balancea los fluidos del cuerpo, calma los nervios
Ágata verde	Desintoxica la sangre
Ágata roja	Purifica la sangre
Alejandría	Estimula el poder sexual
Amazonita	Regula las facultades mentales

Piedra o Cristal	Acción curativa
Ámbar	Reduce la retención de fluido y ayuda a desintoxicar los riñones y vejiga
Amatista	Alivia el dolor de cabeza
Aquamarina	Ayuda a la vista y reduce la retención de líquidos
Azurito	Alivia los síntomas de la artritis y los dolores musculares
Carnelian	Aumenta las energías físicas
Citrina	Ayuda en la digestión
Coral	Alivia las enfermedades de la garganta
Crisocola	Alivia la tensión nerviosa
Cuarzo rosa	Rejuvenece la piel
Esmeralda	Ayuda en enfermedades neurológicas
Diamante	No tiene poderes curativos
Granate	Ayuda a balancear los desórdenes de la tiroides
Jade	Ayuda en la digestión, en la función del hígado y aclara la vista
Jasper	Ayuda a curar desórdenes gástricos y a balancear el sistema endocrinal
Lapis lázuli	Fortalece el cuerpo
Malaquita	Previene infecciones, ayuda en casos de infertilidad, protege a los niños
Obsidian	Fortalece la inmunidad
Ojo de tigre / de gato	Reduce dolores de cabeza y espasmos nerviosos

Piedra o Cristal	Acción curativa
Onyx y Sardonyx	Asisten en la coordinación física
Ópalo	Aumenta la asimilación de proteínas
Peridot	Ayuda en la función de la glándula adrenal
Perla	Da ayuda contra la infección
Piedra de la Luna	Regula la función de la glándula pituitaria
Piedra de sangre	Ayuda a cicatrizar las heridas, detiene hemorragias, ayuda a disolver tumores
Rodocrosito	Previene desbalances mentales
Rodonito	Restablece la energía del cuerpo después de un trauma
Rubí	Previene la esquizofrenia
Sodalito	Ayuda en el balance de la tiroides
Topacio	Lucha contra enfermedades del riñón y de la vejiga
Turmalina	Ayuda contra la anemia y enfermedades linfáticas
Turquesa	Relaja el cuerpo, ayuda contra mareos
Zafiro	Aumenta los niveles de potasio, calcio y magnesio en el organismo

20

La banda
de cristal

Uno de los métodos más efectivos para desarrollar la chakra del tercer ojo, la cual como ya sabemos se encuentra en el medio del entrecejo, es usando una banda de cobre alrededor de la cabeza con una amatista en el centro. El metal cobre es recomendado porque es un estupendo conductor de energía y tiene a la vez marcadas propiedades curativas. La piedra que se usa es la amatista y ésta puede ser pulida o sin pulir.

Cómo se prepara

1. Se escoge la amatista cuyo tamaño debe fluctuar entre una pulgada a pulgada y media de largo.

2. Se limpia y se programa la amatista.

3. Se mide el perímetro de la cabeza a la altura de las cejas.

4. Se corta un pedazo de alambre de cobre cuatro pulgadas más largos que la medida de la cabeza.

5. Se coloca la amatista en el medio del alambre de cobre y se amarra con el alambre dándole tres vueltas a éste alrededor del cristal.

6. Se forma la banda moldeándola alrededor de la cabeza. En la parte de atrás se anudan las dos puntas del alambre de manera que la banda quede formada.

7. Es importante que la banda quede sobre la frente inmediatamente encima de las cejas. La amatista debe quedar en medio de los dos ojos.

8. La banda debe quedar firme sobre la frente pero no ajustada en exceso.

Lo que se crea con la banda es un fluir continuo de energía que emana de la amatista, es conducida a través del alambre de cobre alrededor de la cabeza, estimulando de este modo la chakra del tercer ojo y sus poderes.

Meditación con la banda

Este ejercicio ayuda a la persona a armonizarse con las energías de la banda y a utilizarlas para su beneficio. La meditación debe ser conducida mientras la persona está sentada en una silla de espaldar recto con los pies planos sobre el piso. Otra posición alterna es la posición de yoga conocida como el loto, donde la persona se sienta en el suelo, sentada sobre sus piernas cruzadas.

1. Se carga la amatista de la banda sosteniéndola en las manos por unos momentos.

2. Se coloca la banda alrededor de la cabeza.

3. Se relaja el cuerpo y la mente con las técnicas de pranayama que ya se han descrito.

4. Se ordena al subconsciente que avise a la persona cuando haya pasado un término de cinco minutos.

5. Se concentra la mente en la banda, sintiendo el peso de ésta y su presión sobre la frente.

6. Se comienza a subir energía desde los pies, a través del centro de Kundalini, es decir de la primera chakra, subiendo a través de todas las chakras y concentrándose en el cristal.

7. La energía se sube a través de la inhalación y exhalación de aire.

8. Se visualiza una línea de energía azul que emana del cristal, pasa a través del alambre de cobre en forma circular alrededor de la cabeza hasta regresar de nuevo a la amatista. La energía se visualiza fluyendo del lado derecho de la banda hasta llegar al izquierdo.

9. La visualización se repite hasta que la persona siente que la amatista comienza a calentarse o que la banda comienza a apretarse sobre la frente.

10. La persona se relaja completamente y espera recibir cualquier imagen o mensaje que le envíe el subconsciente.

11. Al principio puede que no se reciban imágenes o mensajes específicos pero la chakra está siendo estimulada. Después de la segunda o tercera vez las imágenes comienzan a aparecer.

12. Al cabo de cinco minutos, la banda se quita y se limpia en agua de sal de mar o sal sin yodo.

13. El proceso se repite por una semana, aumentando el tiempo a diez minutos, luego a quince, hasta llegar a media hora.

14. Todas las imágenes o mensajes que se reciban durante esta meditación deben ser grabados o escritos. La grabación es preferible porque no interrumpe el flujo de la meditación.

21

Cómo influir en otra persona a través del cristal

Una de las formas más efectivas de influir o afectar a otra persona es a través de una "formación mental" o pensamiento en forma. La formación mental es un pensamiento formado específicamente para ser enviado a otra persona. Este tipo de pensamiento es usado en casos amorosos o cuando se desea curar a otra persona a distancia. Pensamientos destructivos o negativos no deben ser utilizados para este tipo de formación mental porque la energía fluye entre las dos personas continuamente. Todo pensamiento negativo que se envía a otra persona a través de un cristal está siendo absorbido por la que lo manda porque el cristal sólo sirve de conductor y de amplificador de energías. Estas energías se mueven constantemente de la persona que las manda a quien las recibe, de manera que el que manda energías o pensamientos negativos a otra persona se está atacando a sí mismo. Por eso dije anteriormente que la formación mental de un pensamiento específico es usado en el amor y en curaciones. El trabajo con las piedras y los cristales es de una alta jerarquía espiritual y nunca debe ser usado para tratar de hacer mal a otra persona.

El método que sigue se puede usar para enviar una imagen visual o formación mental a otra persona a través de la distancia por un cierto espacio de tiempo. Esta imagen o formación mental se mantiene viva mientras la persona que la creó la sostenga con su pensamiento.

Método

1. Se obtiene una foto de la persona que se desea influir. Si no se tiene una foto se puede hacer un dibujo de ella o de él. No importa que no exista gran parecido entre el dibujo y la persona a quien éste representa.

2. La foto o dibujo se coloca sobre una mesa o altar donde nadie lo toque o lo vea.

3. Se escoge el cristal con el que se va a trabajar y se limpia y programa.

4. La persona se sienta en una silla de espaldar recto, se centraliza y se concentra en la persona que quiere influir.

5. Una vez que se concentra en la otra persona, se procede a visualizar la formación mental o imagen visual que se desea mandar a esa persona. Por ejemplo, si se desea curar a alguien de alguna enfermedad específica, se visualiza una imagen de esa persona radiante de salud, venciendo a la

enfermedad. Esa imagen se perfecciona en cada detalle y nunca se varía. Siempre se envía la misma imagen, exacta en cada detalle. Por otra parte, si una chica desea que su novio le proponga matrimonio, la imagen mental que debe formar puede ser la de ella y su novio casándose en una iglesia. Esa imagen tiene que ser perfeccionada en la mente de la chica y enviada a su novio siempre de la misma forma, sin variar en ningún detalle. Ésto es lo que se conoce como *formación mental* o *pensamiento en forma*. El poder de esta imagen crece mientras más veces se envía.

6. Mientras se concentra en la creación de la imagen, la persona mantiene la vista en el cristal el cual sostiene en sus manos.

7. Mientras se mira al cristal se proyecta la imagen creada adentro de éste.

8. La imagen se proyecta hacia el cristal a través de la respiración. La proyección ocurre al exhalar el aire.

9. Inmediatamente que la imagen se ha proyectado en el cristal, éste se coloca sobre la foto o dibujo de la persona.

10. Usamos su fuerza de voluntad, la persona establece la sugestión de que las vibraciones del cristal, las cuales contienen la imagen proyectada, van a pasar esta imagen a la persona que está en la foto. Este proceso va a continuar aunque la persona no esté presente, ya que va a llevarse a cabo a través del cristal programado.

11. La persona puede levantarse, limpiarse y centralizarse y continuar con su rutina diaria. De vez en cuando debe enfocar el cristal aún a distancia para reforzar la formación mental y asegurarse de que la transferencia mental continúa llevándose a cabo.

12. Este trabajo con el cristal debe continuarse por un período no menor de treinta días.

13. Cuando se ha logrado lo que se desea, se levanta el cristal de encima de la foto o dibujo. La foto se guarda y el cristal se limpia y también se guarda.

14. La proyección mental de este tipo de imagen usando el cristal de cuarzo es extremadamente poderosa, sobre todo si se continúa por un largo plazo de tiempo. En el caso que la persona no logre sus deseos, ésta debe haber cometido algún error durante el proceso.

22

La magia de las piedras

La naturaleza ha dividido al planeta tierra en tres reinos muy distintos el uno del otro: el reino mineral, el reino vegetal y el reino animal, al cual pertenecemos los seres humanos. Estos tres reinos interaccionan entre sí.

El reino animal es el más débil y no puede existir sin la ayuda del reino vegetal y del reino mineral. Del reino vegetal obtenemos productos comestibles como frutas, granos, cereales, vegetales, yerbas, además de medicinas, flores, madera, papel y la más indispensable sustancia para nuestra existencia: el oxígeno, el cual las plantas producen a través de los rayos del sol en el proceso de fotosíntesis.

Del reino mineral obtenemos nuestros materiales de construcción, metales como la plata y el oro, que son la base de la economía mundial, además de piedras preciosas y semipreciosas y elementos de gran poder destructivo como el uranio y el plutonio, que son la base de instrumentos mortíferos como la bomba atómica y otras armas nucleares.

El reino vegetal necesita al reino animal para crear el monóxido de carbono que emitimos al respirar y que las plantas utilizan para sobrevivir y luego transformar en oxígeno. Las plantas también necesitan al reino mineral para nutrirse del nitrógeno y otros elementos que están en el terreno los cuales les son indispensables para su existencia.

Solo el reino mineral no necesita de los otros dos reinos. Si la vida vegetal y animal cesara de existir en la tierra, el reino mineral continuaría existiendo sin nuestra presencia. La tierra misma pertenece al reino mineral porque está formada de rocas y distintos tipos de terreno, los cuales son minerales. Esto hace al reino mineral el más poderoso e inteligente en la tierra porque puede sobrevivir por sí solo.

La "inteligencia" del reino mineral es muy distinta a la nuestra pero es infinitamente superior. No tiene necesidad de comunicación ni de transportación por lo cual no se mueve y al no moverse, ahorra inmensas cantidades de energía las cuales utiliza para su propio beneficio.

Es difícil para el ser humano concebir que una piedra pueda ser inteligente. Sin embargo, como vimos anteriormente, el humilde cuarzo blanco tiene una extraordinaria capacidad para recordar y replicar. Por esta razón es utilizado en todas nuestras industrias modernas.

El radio, la televisión, el teléfono, el telégrafo, las computadoras, los relojes, las naves espaciales, todos utilizan al cuarzo en sus archivos y memorias porque el cuarzo lo graba todo y lo replica o transmite. Esto no hace al cuarzo blanco una de las criaturas más inteligentes del planeta, sino la más inteligente de todas. Por esta razón, en la práctica de la magia de la nueva era, el cuarzo blanco es utilizado en un sin fin de formas para multiplicar nuestras energías y ayudarnos en nuestra evolución terrestre.

También en la familia del cuarzo están otras piedras de gran poder mágico. Éstas son la amatista, la citrina y el cuarzo rosa. Estos cuarzos obtienen su color de otros elementos en su interior. Por ejemplo, la amatista obtiene su color violeta de inclusiones de hierro.

En esta sección les mostraré cómo hacer magia con las piedras. Todas estas piedras tienen inteligencia propia y poderes extraordinarios que apenas empezamos a comprender.

El obelisco de cuarzo blanco

El obelisco es un cuarzo pulido en forma de torre con una punta al final. Tiene cuatro lados y se usa para energizar todo lo que se le coloca debajo. Es muy popular en magias para el amor, para casos de impotencia y para multiplicar el dinero. Para usarlo en magias simples amorosas, se coloca el nombre de la persona amada debajo del obelisco. Hombres con problemas de impotencia, colocan su nombre debajo del obelisco. Para multiplicar el dinero, se coloca un billete de alta denominación debajo del obelisco.

La pirámide de cuarzo blanco

La estructura de la pirámide es en sí de gran poder, ya que está compuesta de cuatro triángulos. El obelisco se usa para energizar, pero su poder especial es la preservación. Todo lo que se coloca debajo de una pirámide de cristal perdura. Por esta razón, se usa muy a menudo para la salud, en casos de personas muy enfermas, cuyos nombres se colocan debajo de la pirámide. Para preservar una unión feliz, se colocan los dos nombres de la pareja debajo de la pirámide.

Para entrar en el estado alfa

El estado alfa es un estado de suspensión durante el cual pasamos de inmediato al plano astral. Muchas veces, durante el día, cuando estamos relajados, caemos en el estado alfa automáticamente. También entramos en alfa, momentos antes de conciliar el sueño. Durante alfa, las ondas cerebrales funcionan más lentamente. Se dice que es en estos momentos que se puede contactar al *alto yo*, el *atman* o *ángel guardián*. Es posible en esos momentos pedir algo especial que deseamos. Si el alto yo, que es el subconsciente humano, recibe nuestra petición, nos la concede de inmediato ya que tiene el poder divino de conseguirlo todo por más difícil que sea.

Para entrar en alfa conscientemente, la persona se sienta en una silla de espaldar recto con los pies firmes sobre el suelo, uno al lado del otro y la palma de la mano derecha colocada sobre la palma de la izquierda. Encima de la palma derecha debe reposar un cuarzo de punta blanco de base con la punta hacia arriba. Sobre la cabeza de la persona debe estar un cuarzo blanco de punta múltiple. Ambos cuarzos deben ser purificados de antemano.

La persona se relaja totalmente y hace seis pranayamas. Luego cuenta lentamente hacia atrás, del 10 al 1. Mientras cuenta, visualiza que está descendiendo por una escalera de 10 peldaños. Cuando llega al final de la escalera, va a estar en alfa. Se va a encontrar en un jardín hermoso con una verja en la cual hay una puerta antigua de madera. La puerta se abre y la persona entra por ella a un huerto de gran verdor donde hay árboles de frutas de todas clases y arbustos llenos de flores. La persona se detiene en el medio de este huerto y hace su petición. Luego mantiene la mente en blanco por varios minutos y espera.

Eventualmente va a recibir un mensaje que le dice si su petición le va a ser concedida. Tan pronto recibe el mensaje sale del huerto por la puerta de madera y empieza a subir las escaleras, contando esta vez del 1 al 10. Cuando llega arriba, abre los ojos y regresa al mundo material. Esto concluye la meditación en alfa.

Para conectar con Dios y los Ángeles y desarrollar poderes psíquicos

La piedra que más se utiliza en este tipo de meditación es la amatista. Esta piedra está asociada con la séptima chakra, que está en la corona de la cabeza y la cual nos conecta directamente con dios y fuerzas superiores. Esta meditación requiere que la persona se acueste boca arriba y se rodee con siete amatistas de buen tamaño, todas de punta. Sobre la corona de la cabeza coloca otra amatista de punta pero más grande. La persona visualiza un rayo de luz violeta que desciende del infinito y atraviesa todas las amatistas, las cuales multiplican esta luz, rodeando a la persona de un halo violeta luminoso. La persona hace seis pranayamas y con cada inhalación visualiza que absorbe parte de esta luz morada.

Al terminar las respiraciones permanece completamente relajada por un mínimo de media hora. Esta meditación ayuda a contactar a Dios y a los Ángeles guardianes, aclara la mente, calma los nervios y desarrolla poderes psíquicos extraordinarios si se hace a menudo. Bañarse a diario con un jabón de amatista ayuda a establecer contacto continuo con las fuerzas celestiales.

Contra la bebida con el uso de la amatista

A través de muchos siglos la amatista ha sido usada en infinidad de magias contra el alcoholismo. Una forma consiste en colocar una amatista durante siete días en un recipiente donde se ha vertido una botella del licor preferido de la persona alcohólica. Luego se regresa el licor a su botella original y se le da a la persona. Una vez que ésta ha tomado siete veces de esa botella, va a tomarle una gran repugnancia a la bebida y no va tomar más. Otra forma es regalándole una amatista montada en oro a la persona, en forma de anillo o de medallón. Si ésta la usa continuamente, va a tomarle eventualmente aversión a la bebida.

Para recordar los sueños o tener sueños proféticos

La piedra que más se recomienda en estos casos es la piedra cósmica que es color violeta con puntos dorados. Se consiguen nueve piedras cósmicas y se colocan en círculo debajo del colchón de la cama. Inmediatamente después poner las piedras en su lugar, la persona empieza a recordar sus sueños y a tener sueños proféticos. Esto es de especial ayuda para quienes apuestan y reciben los números al revés o fuera de secuencia.

El poder del cuarzo rosa

El cuarzo rosa tiene infinidad de usos. Se usa en magias amorosas y para energizar la chakra del corazón. También atrae la simpatía y la amistad y da suerte en el arte y la música. Pertenece al Arcángel Anael, que rige a Tauro y a Libra, y también a Oshun, la diosa del amor y del dinero en la Santería, y a Laxshmi, la diosa del amor y de la buena suerte en el hinduismo.

Para tener suerte en el amor y en todo lo que influencia el cuarzo rosa, se coloca uno de estos cuarzos en una bolsita verde con pétalos de rosas rojas, azúcar, canela, polvo de los ángeles y una chapa de cobre puro. La bolsita se rocía con agua de los ángeles y se carga siempre en el bolsillo o la cartera.

Cuando se tienen problemas amorosos, se aconseja colocar siete cuarzos rosa debajo del colchón. Para triunfo en el arte o en la música se cargan siete cuarzos rosa en la persona.

La magia del fluorito

El fluorito es una bellísima piedra de colores múltiples, entre los que predominan el verde, el rosado y el violeta. Se usa sobre la chakra del corazón en lugar del cuarzo rosa si la persona tiene problemas cardiacos. Para ayudar en el amor, se coloca una tableta de fluorito en una copa de vino rojo por una hora y luego se toma el vino. Esto se repite durante siete noches seguidas antes de dormir. Para lograr el amor de una persona indiferente se coloca una tableta de fluorito en el zapato izquierdo antes de acudir a una cita con esa persona. Una tableta de fluorito cargada en una bolsita verde con una hematita y siete granos de pimienta da suerte en el amor y los negocios.

La magia de la esmeralda

La esmeralda le pertenece al signo de Tauro y a Anael. Es una piedra de gran poder cuando está sin pulir porque conserva todas sus energías. Debido a que el cobre es del planeta Venus, que rige a Tauro y a Libra, la esmeralda se combina con una chapa de cobre en una bolsita verde para atraer la suerte en el dinero. A la bolsita se le añade un poco de tierra sagrada porque Tauro es un signo de tierra. También se le añade alumbre, polvo de prosperidad y una moneda de un dólar pegada a un imán. Luego se rocía la bolsita con agua de los ángeles y se carga encima siempre.

Para que nunca le falte el dinero a la persona también se coloca una esmeralda sin pulir al lado de cada pata de la cama. Toda joya de esmeralda trae suerte en el dinero y los negocios a su dueño. Para multiplicar la suerte en el dinero, se coloca una esmeralda en el licor crema de menta por una hora y luego se toma el licor. La crema de menta es verde esmeralda y sus vibraciones son muy positivas para el amor y el dinero.

La magia del rubí

El rubí le pertenece a los signos de Aries y Leo. Es regido por el Arcángel Kamael, regente de Aries. El rubí sin pulir es una piedra excelente en magias amorosas pero también protege contra heridas, accidentes y problemas con la justicia. Para tener la protección del rubí en estas situaciones, se coloca la piedra en una copita de vino rojo, se rodea con cinco velas rojas y a la hora se toma el vino. Las velas se dejan terminar. El ritual se repite durante cinco días. El rubí se carga en una bolsita roja con un imán, polvo imán, pimienta roja, azúcar y polvo de los ángeles. Se rocía con agua de los ángeles y se carga siempre encima. Esto ayuda a ganar casos de corte, evita problemas con la justicia y protege contra ataques criminales.

Debido a que Kamael rige también las cirugías, se aconseja que cuando una persona va a enfrentar una operación, lleve consigo cinco rubíes en una bolsita roja al hospital. Para conseguir el amor de una persona se colocan cinco rubíes en un jarro grande de sangría y se le da a tomar un vaso de la sangría a la persona amada.

La magia de la citrina

Esta es una piedra solar de muchos poderes. Se usa en magias amorosas y magias de dinero como ya hemos visto. Si se mantienen seis citrinas en el lugar de empleo, esto asegura éxitos en ese lugar y ascensos o aumentos continuos. Una citrina grande colocada en miel y champagne en la entrada de la casa asegura que el amor y el dinero nunca van a faltar en ella. Si se envuelve una citrina en una prenda de vestir de la persona amada ésta siempre va a ser fiel a quien hizo el trabajo. Una citrina colocada al lado de la puerta de los cuartos de dormitorio de una familia asegura dinero constante a todos sus miembros.

La magia del jade

El jade es una piedra muy popular entre los chinos y sin embargo, no se encuentra en ningún lugar del Oriente. Es una piedra de gran poder mágico y viene en muchos colores, entre los cuales están el rosa, el negro y el blanco. Pero indudablemente el color más popular es el verde. El jade verde se usa en una gran diversidad de joyas entre los chinos, los cuales la consideran de mucha suerte. Una mariposa de jade es de especial poder para atraer la buena suerte. Los budas de jade verde son también muy populares para la felicidad y la prosperidad.

Las piedras de jade son de especial ayuda en la magia del dinero. Siete piedras de jade cargadas en una bolsita verde con arroz verde y polvo de prosperidad aseguran que el dinero nunca le falte a su dueño.

Para atraer la suerte en el juego, se hacen siete hoyitos en una vela de abundancia y adentro se le incrustan siete jades. La vela se enciende una hora diaria, y luego los jades se llevan en el bolsillo o la cartera cuando se va a jugar. Es de muy buena suerte regalar jade o que le regalen jade a una persona. El jade se usa en combinación con el ámbar para la suerte en toda empresa. Las dos piedras se meten adentro de la almohada de la persona. Bañarse a diario con un jabón de jade, que contiene un jade en su interior, da ayuda continua en el dinero.

La magia de la aventurina

Esta piedra es de la familia del jade pero es de color más oscuro. Se usa en casos de negocios y para multiplicar el dinero. Le pertenece al Arcángel Uriel. Para que un negocio prospere, se colocan cuatro velas de gelatina verde de Uriel en las cuatro esquinas del negocio y se rodea cada una con cuatro aventurinas en forma de cruz. Se encienden las velas por una hora diaria hasta que se terminen. Luego se meten las aventurinas en la caja registradora.

Para consolidar un negocio con otras personas se escriben los nombres de éstas en papel de pergamino con tinta mágica y se cubren con siete aventurinas. Se rodean con siete velas verdes con el nombre de la persona que hace el trabajo inscrito a lo largo. Se encienden las velas y se dejan terminar. Las aventurinas se envuelven en el papel de pergamino y se amarran con una cinta verde. Esto asegura el negocio. Toda persona de negocios que desee triunfar en su empresa, debe cargar siempre un mínimo de tres aventurinas en la cartera o el bolsillo.

La magia del labradorito

Esta es la piedra por excelencia para conseguir empleo. Es una piedra muy hermosa verde grisáceo. Hay una gran cantidad de magias que se usan para conseguir empleo con el labradorito. Una de ellas requiere que se metan cuatro labradoritos en una bolsita verde con un jabón del dinero. La bolsita se humedece y la persona se frota con ella mientras está bajo la ducha. Esto se hace durante 21 días. Antes de los 21 días, la persona consigue trabajo. Otra magia para conseguir empleo usa siete labradoritos colocados sobre tierra sagrada. En el medio se enciende la vela de los cuatro ángeles dorados en nombre del Arcángel Uriel por una hora diaria. Generalmente, a la semana de terminarse la vela se consigue trabajo. Los labradoritos se deben mantener en el lugar de empleo para conservarlo.

La magia del ágata

Esta es una de las piedras más poderosas en el reino mineral y sus usos son múltiples, especialmente para atraer el dinero, la salud, para los estudios, para conseguir papeles, y en todo trámite legal de contratos y documentos. Es una piedra solar que le pertenece al Arcángel Rafael. Generalmente, se coloca un disco de ágata sobre el plexo solar para energizar la chakra correspondiente. El ágata viene en muchos colores, pero en la mayoría de los casos son teñidos. El color natural del ágata es cremoso. Se identifica porque tiene círculos concéntricos a su alrededor. Todo lo que entra en contacto con el ágata recibe fuertes vibraciones solares positivas de esta maravillosa piedra.

Para ayudar a un niño en sus estudios se coloca una copa de agua sobre un disco de ágata y se rodea con seis ágatas regulares. Al frente se enciende una vela dorada por una hora al Arcángel Rafael y luego se le da a tomar el agua al niño. Si esto se repite a diario el niño mejora espectacularmente en sus estudios.

Para conseguir papeles de inmigración, se coloca un papel de pergamino con el nombre del departamento de inmigración escrito con tinta mágica debajo de un disco de ágata. Encima del disco se encienden cuatro velas del milagro en forma de cruz por una hora diaria. Cuando se terminan las velas, se contacta al departamento de inmigración.

Para que se firme un contrato de cualquier tipo de negocio, se escriben los nombres de todas las personas en papel pergamino con tinta mágica. Se queman los papeles en la llama de una vela dorada en nombre del Arcángel Rafael. La vela se deja terminar. Se meten las cenizas en una bolsita amarilla con seis ágatas, seis clavos dulces, seis hojas de laurel, polvo de los ángeles y polvo de prosperidad. La bolsita se carga encima hasta que el contrato se firme.

Existen muchos tipos de ágata, como el ágata azul de encaje, que se usa para calmar los nervios. Es especialmente efectiva durante ataques de pánico. En estos casos, se toma un ágata de encaje azul en cada mano y se oprimen fuertemente. El ataque de pánico se calma de inmediato.

La magia de la malaquita

Esta es otra piedra verde de gran poder. A menudo tiene círculos concéntricos como el ágata. Se usa en diversas magias, generalmente para darles más poder. Es muy utilizada para proteger a los niños pequeños. Se coloca una piedra grande de malaquita debajo del colchón de la cuna o la camita del niño y esto asegura su protección contra enfermedades peligrosas y toda clase de peligros.

Las pirámides de malaquitas se usan para energizar el dinero y multiplicarlo. Por esta razón se usa en el cofre del tesoro para jugadores. Un billete de cien dólares colocado debajo de una pirámide de malaquita atrae dinero en grandes cantidades a una persona. Siete malaquitas debajo del colchón mantienen a una persona libre de deudas y problemas económicos. Tomar una copa de champagne con una malaquita adentro el día de año nuevo asegura que la persona tenga dinero en abundancia durante ese año.

La magia de la pirita

Esta es una piedra metálica que viene en diferentes formas geométricas naturales. La forma más común es la de un pedrusco coruscado color dorado. También aparece en forma pulida. Se encuentra en las minas de oro y se considera un familiar cercano del oro, por lo que se conoce como oropel. Es excelente en toda magia del dinero. Sólo cargar una pirita en el bolsillo atrae la prosperidad a una persona. Muchas veces se encuentra la pirita incrustada en cuarzo blanco. Estas piritas son especialmente poderosas para atraer el dinero.

Para multiplicar el dinero, se rodea un billete de un dólar con siete piritas y encima se enciende un velón dorado por una hora diaria. El velón se repite continuamente para atraer el dinero al hogar en grandes cantidades.

Para atraer el dinero a un negocio se colocan doce piritas alrededor de la caja registradora. La pirita junto con el silicón, el carborundrum y la piedra de pavo real son excelentes para toda clase de negocios.

La magia del moldavito

El moldavito es un meteorito color verde translúcido. Tiene grandes poderes cósmicos y se usa en meditaciones para recibir mensajes de entidades superiores. Es una piedra difícil de conseguir y muy rara. Para usarla se coloca sobre el tercer ojo mientras la persona se relaja acostada boca arriba. Se visualiza un círculo de luz alrededor de la persona y ésta pide comunicación con fuerzas cósmicas superiores. Toda pregunta que se hace a estas entidades a través del moldavito es contestada prontamente y con veracidad. El moldavito no se usa en magias materiales ya que no pertenece a este mundo.

La magia de la turmalina

La turmalina es una piedra maestra. Da lecciones místicas de gran profundidad. Viene en diferentes colores, como el negro, el rosado, verde o melón. La de color melón tiene tonos verdes y color naranja pálido en su interior. Se coloca sobre el tercer ojo para desarrollar la telepatía y la clarividencia y para recibir mensajes celestiales. La turmalina negra se usa para resolver problemas y disolver traumas y pesares. Para lograr esto se coloca un pedazo de turmalina negra y se visualiza todo pesar, problema, trauma o angustia traspasándose a la piedra. Esto se repite a diario hasta que la paz y la tranquilidad regresen a la persona y su problema se haya resuelto.

La magia del sugilito

Esta es otra piedra maestra cuya labor es consolidar el poder de otras piedras. Se usa a menudo sobre la chakra de la garganta por personas que desean una evolución rápida espiritual. Cuando se usa con otras piedras en el sistema de las chakras, multiplica y consolida el poder de las otras piedras. La turmalina es una piedra color morado oscuro que a veces tiene rayas o puntos blancos o negros. Es muy escasa y difícil de conseguir, ya que sólo se encuentra en una pequeña mina en África.

La magia del lapis lázuli

Esta bellísima piedra azul eléctrico con puntos dorados proviene principalmente de Afganistán, donde muchos de los palacios tenían paredes y fuentes talladas con esta piedra. Durante las continuas guerras que han azotado a este país, hordas de campesinos despatriados atacaron a estos palacios, destruyendo muchos de sus tesoros, incluyendo las estructuras de lapis lázuli. Mucho de este lapis lázuli fue traído a las Américas por inmigrantes de Afganistán.

Yo tengo en mi posesión un pedazo de la pared de uno de estos palacios de cerca de un pie de ancho. El lado que perteneció a la pared está bellamente pulido pero su reverso es sólo piedra azul, ruda y sin pulir, según fue arrancado de la pared. Su valor es indescriptible. En realidad debería estar en un museo. Me lo vendió un inmigrante afganita junto con una copa de lapis lázuli y un huevo también de lapis lázuli, ambos también piezas de museo. Sólo puedo imaginar el palacio de donde vinieron, un palacio al estilo de las mil y una noches.

El lapis lázuli era la piedra favorita de los faraones, quienes también usaban la carnelia, el ágata y la hematita como piedras de poder. Le pertenece al Arcángel Sadquiel, regente de Júpiter, de Sagitario y del día jueves. Es una piedra de poder supremo para atraer el dinero, la abundancia y la prosperidad. Les voy a dar aquí la magia más poderosa que se hace con el lapis lázuli para multiplicar el dinero.

Se ponen nueve monedas de un dólar sobre un paño azul espolvoreado con polvo de prosperidad. Encima se colocan nueve lapis lázulis en forma de círculo. Detrás de cada piedra se coloca una vela corta azul frotada con aceite de los ángeles. La persona se para sobre las monedas en el medio del círculo de lapis lázuli. Enciende las velas y comienza a echar un poco de salitre sobre la llama de cada vela. Según el salitre entra en contacto con el fuego, la llama va a chisporrotear y saltar hacia arriba. La persona continua echando salitre sobre las llamas dándo la vuelta al círculo nueve veces. Luego sale del círculo, envuelve las piedras en el paño azul y las guarda en su habitación donde nadie las vea o las toque. Esta es una magia de gran poder y asegura el dinero en abundancia para la persona durante todo el año. Si se hace una vez al año, trae el dinero a la persona toda su vida. Es importante hacer esta magia en Luna creciente, preferiblemente en Luna nueva o Luna llena.

La magia de la celestita

Esta es una piedra azul celeste pálido que se usa para contactar a fuerzas celestiales. Es de la familia del cuarzo blanco y generalmente es rocosa con pequeñas puntas múltiples. Se rocía antes de usarla con agua de los ángeles. Luego se coloca una celestita sobre la corona, una sobre el tercer ojo, una sobre la garganta, una sobre el plexo solar y otra a los pies de persona quien se relaja y visualiza un círculo de luz blanca a su alrededor. Luego visualiza una luz deslumbrante azul pálido que baja del cielo y atraviesa todas las celestitas desde la corona hasta los pies. Según la luz baja, la persona siente que también bajan grandes fuerzas de luz que la iluminan y energizan su aura.

Durante esta experiencia trascendental, la persona recibe mensajes de gran importancia. Esta meditación se puede llevar a cabo una vez por semana y da gran poder y elevación espiritual.

La magia del ópalo

Esta es una piedra preciosa de gran valor. Viene en diferentes clases como el ópalo de fuego, el ópalo blanco y el ópalo negro. Es especialmente valiosa en la magia del amor cuando está sin pulir. Le pertenece al Arcángel Anael y al signo de Libra. Sólo los libranos pueden usar joyas de ópalo. A todos los otros signos les trae lágrimas y mala suerte.

Pero en su forma natural sin pulir y en magias del amor la puede usar cualquier persona. El ópalo blanco es una piedra blanca tornasolada que parece tener fuego en su interior. El ópalo de fuego es de color naranja brillante. De las dos, la más común es el ópalo blanco. Ambas piedras son de gran eficacia en magias amorosas. Una de estas magias requiere cabellos de la persona amada los cuales se atan con una cinta fina verde a cabellos de la persona que hace la magia. Los cabellos se meten en una bolsita verde con un ópalo blanco, un ópalo de fuego, polvo de los ángeles, una chapa de cobre, raíz de Adán y Eva, polvo almizcle y lirio de florencia. La bolsita se mete adentro de la almohada de quien hace el trabajo. Esto asegura la unión permanente entre las dos personas.

Para asegurar la fidelidad del esposo, se inserta un ópalo de fuego en cada uno de sus pantalones de forma que él no lo note. Esto requiere el uso de la imaginación en la esposa pero es más fácil de lo que parece. Vale la pena tratarlo porque los resultados son asegurados.

La magia de la turquesa

Esta es una piedra azul claro muy popular entre los indios americanos. Es lustrosa pero no cristalina. Se enmarca generalmente en joyas de plata, y muchas veces se usa en unión al coral y a la carnelia. La turquesa le pertenece a Sagitario y al Arcángel Sadkiel y se usa en magias para el dinero. Se carga suelta en el bolsillo para atraer la prosperidad y se pone en el fondo de una tasa de café o de té para dar estabilidad y paz a una persona. Nueve turquesas regadas alrededor del hogar aseguran paz y abundancia continuas.

Las pulseras y collares de plata incrustados de turquesas preparados por los indios americanos son muy hermosos pero de precio excesivo ya que tanto la plata como la turquesa son comunes en las Américas. La turquesa sin pulir es mucho más poderosa y da mucha más energía. Un amuleto super poderoso de Sadkiel utiliza nueve turquesas y nueve lapis lázulis los cuales se mezclan con nueve monedas de un dólar y se colocan en una copa o recipiente de cristal grande. Este recipiente se coloca en la habitación de la persona para multiplicar el dinero.

La magia de la aquamarina

Esta bella piedra azul verde es considerada de gran valor y le pertenece al signo de Piscis y al Arcángel Asariel, aunque también le es adjudicada al signo de Acuario. Se usa en todo tipo de magias, especialmente para atraer la buena suerte y la paz. El signo de Piscis es un signo de servicio a la humanidad, muy espiritual y sacrificado. Es un signo de agua, movible y femenino. Debido a que Piscis nace para servir, es a menudo abusado y utilizado. La aquamarina, como símbolo de este noble signo, representa la paz y la humildad. Toda persona que carga aquamarinas sobre su persona, está asegurada de tener paz y tranquilidad mientras las use.

Para mantener la paz en un hogar, se coloca una aquamarina sin pulir en una copa con sal moriah en cada habitación. Para obtener la bendición y protección del gran Arcángel

Asariel y su ayuda en el amor y el dinero, se colocan doce aquamarinas sobre un paño azul verde y se rodean con polvo de los ángeles, polvo de prosperidad y salitre. En el medio se enciende una vela de la manifestación de los ángeles de la jornada de cristal, ya perfumada y consagrada para atraer a los ángeles. La vela se enciende una hora diaria hasta que se termina. Las aquamarinas se dejan en su lugar durante doce días y luego se envuelven en el paño y se guardan. Se usan doce aquamarinas porque Piscis es el signo doce del zodíaco.

La magia de la hematita

Esta es una piedra negra con tonos plateados de gran brillantez. Le pertenece al signo de Capricornio, a Saturno y al gran Arcángel Casiel. Es magnética y atrae todos los metales pesados, especialmente al hierro. Se usa en magias de dinero, magias de atracción, para recibir herencias y en la compra-venta de bienes raíces.

Para atraer el dinero a un hogar se entierra una moneda de un dólar en un tiesto lleno de tierra y encima se espolvorea tierra sagrada. Encima se coloca una vela de dinero de la jornada de cristal y se rodea con tres hematitas en forma de triángulo. Se enciende la vela una hora diaria hasta que se termine. Luego se planta una sábila en el tiesto, asegurándose de que se cuide bien para que prospere. Las hematitas se colocan alrededor de la planta. Si la planta crece fuerte y saludable, el dinero va a fluir continuamente al hogar.

Para recibir una herencia se colocan cuatro copas llenas de vino rojo en forma de cruz y en cada una se coloca una hematita. Debajo de cada copa se coloca un dólar doblado en forma de triángulo. Las copas se tapan con un platito y encima se enciende una vela del dinero. Las velas se encienden una hora diaria. Cada día se toma el vino de una de las copitas. El cuarto día se dejan terminar las velas y se meten los dólares con las hematitas en una bolsita roja y se guardan bien. Esto asegura que la persona reciba la herencia.

La magia del silicón

Esta es una piedra de tonalidades plateadas que se usa muy a menudo en magias para el dinero. Una de las magias más conocidas del silicón se hace en Luna llena ya que esta piedra le pertenece a la Luna. Se colocan nueve monedas de plata en un círculo y encima de cada moneda se coloca un silicón. En el medio se enciende una vela plateada en nombre del Arcángel Gabriel y se le pide que multiplique el dinero de la persona. La vela se deja terminar y se repite durante nueve días. El último día se recogen los silicones y se dejan a la entrada de nueve bancos distintos. Las monedas se colocan adentro de una bolsa blanca o plateada la cual se mete debajo del colchón de la cama.

La magia del carborundrum

Esta bellísima piedra pertenece a la familia del diamante. Se encuentra en el cosmos en su forma natural pero no en la tierra. Fue descubierta por un minerólogo que estaba tratando de comprimir el carbón en el laboratorio para crear diamantes. El resultado fue el carborundrum.

Esta piedra es de forma coruscada, de color negro tornasolado, con tonalidades azul aguamarina, violeta, dorada, rosada y plateada. Es de una belleza espectacular y su poder para atraer el dinero en grandes cantidades es extraordinario. Se consigue un carborundrum de buen tamaño y se coloca sobre un caracol de abalone, el cual también es tornasolado. Se le añade una piedra de pavo real, también iridiscente, un silicón grande y una pirita. Se les espolvorea polvo de prosperidad a las piedras y se colocan en un lugar visible de la casa.

Debido a su gran belleza esta magia llama mucho la atención pero no incita sospecha alguna de que es un trabajo mágico. Toda casa donde se tiene esta combinación de piedras va a tener abundancia y prosperidad y el dinero va a entrar en ella en grandes cantidades.

Nota

Debido a que toda magia está basada en energías cósmicas y la energía tiende a disiparse con el tiempo, ningún tipo de magia puede considerarse permanente. Por esta razón, deben refrescarse o repetirse cada seis meses. El despojo y limpieza son necesarios semanalmente ya que el aura se carga de energías negativas a diario a través del contacto con otras personas o fuerzas exteriores, no siempre positivas.

23

La magia de
la Luna

a Luna completa su ciclo
alrededor de la tierra en 28
días. Durante este tiempo pasa por los doce signos del zodíaco,
permaneciendo en cada uno alrededor de dos días a dos días y
medio. Cada uno de estos días se conoce como una mansión
lunar y es regido por un ángel diferente. El ángel principal, que
rige a todas las fuerzas lunares es el Arcángel Gabriel.

La Luna comienza su ciclo en Luna nueva, luego pasa a
cuarto creciente, Luna llena y último cuarto menguante. Entre
Luna nueva y cuarto creciente, una etapa que dura catorce días,
se dice que la Luna está creciente. El día quince de su ciclo es la
noche de la Luna llena. Esa misma noche comienza a menguar
y continúa menguando hasta la próxima Luna nueva, una
etapa que dura catorce días más.

Los mejores días para llevar a cabo magias positivas empiezan en Luna nueva y culminan en Luna llena. Durante estos días la Luna está recibiendo luz solar continuamente y su influencia es excelente en todo tipo de magias. Cuando la Luna comienza a menguar, tiene mucha menos luz y por esta razón las magias que se llevan a cabo en estos días no son tan eficaces. Sólo los practicantes de magia negra o magia negativa utilizan la Luna menguante para llevar acabo magias de destrucción y maleficio.

El día más negativo del mes es el día antes de la Luna nueva. Este día y esta noche se conocen como la Luna negra y es aconsejable no hacer ningún tipo de magias y permanecer en casa si es posible. Otra etapa lunar cuando no se deben llevar a cabo ningún tipo de magia es cuando la Luna está fuera de curso. Esto sucede cuando la Luna está en tránsito entre un signo y otro. Es decir, la Luna ha terminado su estadía en un signo y puede tomarse varias horas o más de un día en entrar al próximo signo. Este tiempo entre signos se conoce como la Luna fuera de curso. Para saber cuando la Luna está fuera de curso es necesario tener un calendario astrológico que muestre las fases de la Luna y su estadía en los doce signos.

La Luna rige al signo de Cáncer, a las mujeres, la familia, especialmente a la madre, los viajes, la mente, la fertilidad y los líquidos, incluyendo la sangre. Rige especialmente al mar, los ríos, los lagos y todos los cuerpos de agua, además de la lluvia.

Las mareas son controladas por la Luna y también la agricultura. Los granjeros observan muy cuidadosamente las fases lunares durante las siembras y las cosechas, además de la fertilidad de los animales.

El ciclo femenino de menstruación y fertilidad es también influenciado por la Luna. Los antiguos decían que cuando una mujer tenía su menstruación estaba con la Luna.

La entidad principal asociada con la Luna es la madre cósmica, identificada con todas las diosas de las diferentes religiones, además de la Virgen María en todos sus avatares. Por esta razón, casi todas las imágenes de la virgen tienen una media luna a sus pies.

Debido a que la Luna rige los líquidos y al signo de Cáncer, muchos cancerianos tienen a veces problemas con la bebida, a la cual no pueden controlar. También Cáncer tiene problemas con el estómago y las comidas y muchos tienden a comer en exceso. Todo ser humano debe tener cuidado con el exceso en la comida y la bebida durante Luna llena, la cual incita a comer y a tomar más de lo debido. También durante Luna llena tienden a haber más discusiones y actos de violencia. Muchas estaciones policíacas están especialmente alertas durante Luna llena, ya que de acuerdo a las estadísticas tienen lugar más crímenes en esa noche que de costumbre. Esto se debe a que la Luna rige a la mente y a la sangre y tiende a sobre-excitarlas cuando está llena.

El día de la Luna es el lunes, sus números son el dos y el nueve, sus colores son el blanco, el plateado, el azul y el violeta o morado. Sus piedras son la piedra de la luna, el selenito, el berilio, la alejandría, el cuarzo blanco, la crisocola, la perla, la madreperla, el silicón y el alabastro. Sus metales son la plata y el platino. Entre sus animales están el oso, el elefante, el búho, el gato, el perro, el lobo, la vaca, el cerdo, el caballo y el ciervo. Entre sus plantas y flores están los lirios, los jacintos, los irises, el narciso, los melones, las habichuelas, las calabazas, la altamisa, la palma de coco y el sauce. Entre sus inciensos y otras sustancias están el lirio de florencia, el alcanfor, el alumbre, el ylang ylang y también el aceite de jazmín y de eucalipto.

Las enfermedades regidas por la Luna incluyen las del cerebro, las migrañas, del estómago, del útero, de los pulmones, las alergias, la epilepsia y los tumores.

La Luna rige el plano astral. De modo que toda meditación y visualización tienen lugar en la esfera lunar. También rige los sueños y las pesadillas. Por esta razón es importante trabajar continuamente con la Luna para desarrollar poderes psíquicos y para mantener un balance mental perfecto. Es indispensable estar en armonía con las fuerzas lunares para que toda magia sea efectiva.

En la mayor parte de mis libros menciono una de las formas más efectivas de contactar a las fuerzas lunares y obtener su ayuda. Se trata del néctar de levanah. El nombre mágico de la Luna en hebreo es levanah y por eso se le da este nombre al néctar lunar. Se prepara batiendo una clara de huevo, a la cual se le añade una cucharada de azúcar, un poco de leche crema y un chorro de vino blanco. Este líquido, que es delicioso, se vierte en una copa azul o preferiblemente en una copa especial conocida como la copa de la Luna, la cual tiene una media luna de metal plateado como pie y la base en forma de Sol. Adentro de la copa con el líquido se coloca una piedra de la luna. Al lado se enciende una vela plateada o la vela de la Luna por una hora. A la hora se apaga la vela sin soplarla para no quitarle su fuerza. El líquido se toma de un solo trago, sin despegar los labios de la copa. Esto se hace en nombre de la madre cósmica y del Arcángel Gabriel las noches de Luna nueva y Luna llena. Es preferible que los rayos de la Luna llena iluminen el néctar antes de tomarlo.

Muchas personas toman agua de la luna todas las noches para asegurar la bendición de las fuerzas lunares. El agua de la luna se prepara llenando la copa de la luna con agua pura, destilada o de botella, y colocando una piedra de la luna en su interior por una hora. Al lado se enciende la vela de la luna o una vela plateada. Al término de una hora se apaga la vela y se toma el agua. La piedra de la luna es de gran importancia en la magia lunar porque está hecha de feldespato, que es el mineral del cual está formada la mayor parte de la superficie lunar.

A continuación veremos varias de las magias lunares más efectivas para resolver diferentes problemas y para desarrollar poderes psíquicos. Debido a que el Arcángel Gabriel rige al punto Oeste, a la vez que a la Luna, las magias lunares dedicadas a Gabriel se deben hacer frente al Oeste.

Para desarrollar poderes psíquicos

Esta magia se debe hacer durante 28 días, el ciclo completo de la Luna, empezando en Luna nueva y terminando en la próxima Luna nueva.

La persona se acuesta boca arriba y coloca nueve cuarzos blancos de punta fina, ya purificados, alrededor de la cabeza. Uno de los cuarzos se coloca sobre la garganta y otro sobre el entrecejo. Las puntas de los cuarzos deben estar dirigidas hacia la persona. El cuarzo de la garganta y el del entrecejo deben apuntar hacia arriba. La persona se relaja del todo, pone la mente en blanco, y visualiza que un rayo de luz plateada inmensa baja de la Luna e ilumina cada uno de los cuarzos, los cuales iluminan a la persona a su vez.

Permanece en esta posición por un mínimo de media hora. Esto se debe hacer inmediatamente antes de dormir y se repite a diario durante las 28 mansiones lunares. Es importante prestar atención a los sueños que se tengan durante este ciclo y apuntarlos en un cuaderno. Los sueños van a indicar el progreso de la persona en su desarrollo psíquico. Muchos de estos sueños van a ser proféticos o precognitivos. Al término de los 28 días, la persona va a notar que ha empezado a desarrollar poderes síquicos, como la telepatía, la clarividencia y la intuición. Esta magia lunar puede repetirse si la persona desea ampliar sus poderes.

Para contactar a alguien que está lejos

Se consigue un espejo redondo y se coloca adentro de un recipiente de cristal, también redondo, lleno de agua con sal de mar. La sal que más recomiendo en toda magia que la utiliza, es la sal moriah, que es importada de Israel y proviene del mar Muerto. Este mar tiene la mayor concentración de sal en el mundo. El recipiente con el espejo se rodea con cuatro selenitos en forma de cruz. Encima del espejo, adentro del agua, se coloca un velón grande plateado donde se ha inscrito a lo largo el nombre de la persona que se desea contactar. La vela se enciende una hora todas las noches empezando en Luna nueva, en el nombre de la madre cósmica y del Arcángel Gabriel, y se pide tener noticias de esa persona. Esto se repite durante nueve días. El último día se deja terminar la vela que se va a apagar adentro del agua. Generalmente se tienen noticias de esa persona antes de la siguiente Luna nueva.

Para proteger a los hijos

Se consigue una imagen de la madre cósmica y se coloca sobre los pétalos de nueve rosas blancas espolvoreada con polvo de los ángeles. Debajo de la imagen se coloca un papel de pergamino virgen donde se han escrito los nombres de los hijos. La imagen se rodea con cuatro cuarzos blancos grandes de punta fina ya purificados. Al frente se enciende una vela plateada una hora diaria y se le pide a la madre cósmica que proteja a los hijos de todo peligro. Esto se repite a diario mientras el peligro persista.

Para una mujer que desea tener un hijo

Existen en el mercado elefantes hechos de piedra de jabón, comúnmente conocida como esteatita. Estos elefantes están primorosamente labrados y contienen un elefantito en sus vientres. Se conocen como elefantes embarazados y provienen de la India. Como hemos visto, el elefante le pertenece a la Luna. Cuando una mujer tiene dificultades en concebir un niño, se le aconseja que consiga uno de estos elefantes y lo coloque sobre un paño plateado. El elefante se rodea con nueve copitas de vino blanco en cada una de las cuales se coloca una piedra de la luna. Al frente del elefante se enciende una vela plateada en nombre de la madre cósmica y se le pide el milagro de la maternidad. La vela se deja terminar.

Cuando la vela se termina, se toma el vino de una de las copitas y se guarda la piedra que le corresponde. Esto se repite a diario con una vela nueva, tomándose el vino de una de las copitas cuando se termina la vela. Al finalizar los nueve días, se guardan las piedras en una bolsa blanca debajo del colchón. Esta magia se debe comenzar el primer día del ciclo de menstruación de la mujer que la hace. El elefante se debe mantener en el dormitorio de la persona.

Para curar enfermedades lunares

Como hemos visto, la Luna rige todos los tumores, enfermedades del cerebro o mentales, migrañas, enfermedades del estómago, del útero y de los pulmones. Una magia muy popular para alivio en estos tipos de enfermedades consiste en hervir una piedra de la sangre en aceite de oliva con alcanfor, eucalipto y una semilla de bálsamo de gilead. Este líquido se deja enfriar y luego se vierte en un frasco oscuro y se coloca donde no le dé el sol. Todos los días se calienta un poco del líquido y se frota sobre el área afectada. Luego se pasa sobre el área una piedra de la luna. Esto se repite a diario y da excelentes resultados.

Baños lunares

Existen baños terapéuticos de colores en el mercado los cuales son excelentes para energizar el aura y las chakras. Para contactar a fuerzas lunares y energizar la segunda chakra, regida por la Luna, se recomiendan baños terapéuticos color violeta. El baño violeta consiste de un sobre lleno de gelatina violeta la cual se disuelve en el agua, tiñéndola de este color. La persona entra en el agua y flota sobre ésta una vela flotante blanca o violeta. Debe permanecer en el agua un mínimo de media hora, completamente relajada. También excelentes son las sales de eucalipto, regidas por la Luna, las cuales se frotan por todo el cuerpo mientras se está de pie bajo la ducha. Las sales se colocan adentro de una bolsita blanca que viene con las sales. Después de estos baños es aconsejable tomar una copa de agua de la luna, la cual describí anteriormente. Los baños lunares son muy relajantes y ayudan a combatir el insomnio.

Contra la migraña

Uno de los remedios más eficaces para aliviar la migraña es hirviendo altamisa con una piedra de la luna en varias tazas de agua. Este liquido se endulza y se toma lo más caliente posible. También muy efectivo es acostarse boca arriba y colocarse un selenito sobre la frente. El efecto del selenito es soporífico y la persona entra en un sueño tranquilo de inmediato. Cuando despierta, la migraña ha desaparecido.

Para mantener la paz en el hogar

Cuando en un hogar hay muchas discusiones y disensión, se aconseja colocar cubitos de hielo espolvoreados con azúcar en las esquinas a diario. En el dintel de cada puerta se coloca un cuarzo blanco de forma que no sea visible. Los cuarzos deben ser purificados antes de usarse, como ya he explicado.

Para atraer el dinero al hogar

Este trabajo debe hacerse en Luna llena. Se colocan nueve monedas de plata en un recipiente grande lleno de agua y se les añaden nueve piedras de la luna. El recipiente se coloca donde le dé la luz de la Luna llena. Al lado se enciende una vela plateada durante una hora. Luego se apaga la vela en el agua y ésta se rocía por toda la casa. Las monedas se ruedan por el suelo, asegurándose que caigan en lugares que no sean visibles. Las piedras se colocan en distintas esquinas de la casa. Las monedas se recogen en la próxima Luna llena y se gastan de inmediato para que el dinero fluya al hogar. Esta es una de las magias de plata más eficaces que existen para atraer el dinero.

Para atraer el amor de una persona

La crisocola es una piedra lunar que se usa en muchas magias amorosas ya que también le pertenece a Venus, el planeta del amor. Para usar la crisocola con la ayuda de la Luna, se coloca esta piedra en una copa de sangría y se rodea con alumbre y alcanfor. Al frente se enciende una vela plateada en nombre del Arcángel Gabriel y se le pide el amor de la persona deseada. La vela se deja terminar y luego se saca la crisocola de la sangría y se le ofrece el vino a la persona. Si la persona acepta el vino y lo consume del todo, su amor es asegurado. Esta magia debe hacerse en Luna nueva o Luna creciente.

24

La magia
del Sol

El Sol es el origen de la energía vital que le da vida a todo lo que existe en nuestro planeta. Es una estrella de tamaño mediano en comparación con otras en nuestra galaxia la cual contiene más de cien billones de estrellas. Su circunferencia es aproximadamente tres millones de kilómetros. La edad del Sol es de alrededor de cuatro y medio billones de años y se cree dure más de cinco billones de años más, lo que le da a la tierra la esperanza de una larga vida ya que nuestra existencia depende de la luz solar.

El poder del Sol es tal que su campo magnético se extiende hasta el planeta Plutón que es el más lejano del sistema solar. Por esta razón, Plutón está atrapado en una órbita continua alrededor del Sol a pesar de su lejanía. El Sol contiene más de 99% de la masa total del sistema solar, es decir, todo el material del que se componen los otros planetas, incluyendo a la

Tierra, suma menos de 1% de la energía del sistema solar. El resto se divide entre el Sol y el planeta Júpiter, el cual contiene más energía que el resto de los otros planetas, lo cual lo hace la fuente de energía más poderosa en el sistema solar después del Sol.

El Sol se compone de alrededor de 70% de hidrógeno, 28% de helio y 2% de diversos metales. Su temperatura interna es de más de sesenta millones de grados Fahrenheit. Mucho de este calor calcinante es dispersado al llegar a la superficie solar y es por esta razón es visible en forma de luz. Aun así, y a pesar de la distancia que nos separa, la luz solar, en forma de rayos ultravioletas y rayos x, tendría la capacidad de destruir a la Tierra si nuestra atmósfera no los filtrara en su vasta mayoría. La luz del Sol que nos llega a través de esta capa protectiva es la fuente de energía que nos permite vivir en la Tierra. Es por esta razón que la magia solar es de primordial importancia. El poder del Sol y su inmensa energía, debidamente canalizada a través de magias y rituales, puede transformar nuestras vidas y ayudarnos a resolver toda clase de problemas.

La Luna rige a las mujeres y simboliza a la madre cósmica —dios madre— el Sol rige a los hombres y simboliza a Dios padre.

Los dos Arcángeles que están asociados con la esfera del Sol en la alta magia son Rafael —el ángel que se para en el medio del Sol— y Miguel, cuyo nombre significa "el que es como Dios". En la astrología el Sol rige al signo de Leo, el cual es a su vez protegido por el Arcángel Miguel.

Los animales que están asociados con el Sol son el león, el tigre, la pantera, el leopardo, el halcón, el ave del paraíso, la abeja y el salmón. Sus árboles son el pino, la palma de dátiles, el roble y la acacia. Entre sus yerbas, flores y frutas están el laurel, el muérdago, la manzanilla, el girasol, las rosas amarillas, el crisantemo, la naranja y la piña. Sus inciensos y perfumes son el frankincienso, la vainilla, la canela, el heliotropo y el copal. Su metal es el oro y todas las aleaciones doradas o amarillas. Sus piedras son el ojo de tigre, la piedra del sol, el topacio, la citrina, el crysoberilio, el ágata, el jaspe amarillo, el peridot, la pirita, el rubí y el sardonyx. Sus colores son el amarillo, el naranja y el dorado. Su día es el domingo. Su número astrológico es el uno. Su número cabalístico es el seis.

El Sol rige el corazón, la parte superior de la espalda, los ojos, la circulación de la sangre y todos los fluidos vitales. También rige la manutención de la energía vital y el crecimiento de los niños. Las enfermedades del corazón, de la espalda, de la bilis, de los ojos y las fiebres que producen delirio son regidas por el Sol.

En la práctica de la magia, se utiliza el poder del Sol para adquirir salud, curar las enfermedades solares, para adquirir riquezas y triunfos sobre todo obstáculo, para proteger a los niños y para ayuda en el amor, ya que Leo rige los romances.

Néctar de Shemesh o néctar del Sol

Una de las magias más poderosas que existen para obtener energías solares y para curar todo tipo de enfermedades es el néctar de shemesh, el cual es el nombre del Sol en hebreo. Esta magia se hace cada vez que el Sol entra en un nuevo signo, aunque también puede hacerse los domingos en casos de enfermedad. Se comienza batiendo una yema de huevo, a la cual se le añade leche crema, miel y vino blanco. Se vierte el líquido en una copa amarilla o dorada y adentro se le coloca una piedra del Sol. Se pone la copa en una ventana donde reciba los rayos solares y al lado se le enciende una vela dorada por una hora. Al término de este tiempo, se apaga la vela y se toma el néctar.

La magia del Sol para el amor

Se ahueca una piña sin quitarle la cáscara y se llena con champagne bien frío. Se le añade un poco de canela y de vainilla. Como ya vimos, la piña, la vainilla y la canela le pertenecen al Sol. Adentro se le colocan un ojo de tigre, una piedra del Sol y un ágata, todas piedras solares. Se rodea con seis velas amarillas cortas encendidas durante seis minutos, luego se apagan las velas y se sacan las piedras. Se comparte el champagne, servido de la piña, con la persona deseada. Esta magia debe hacerse minutos antes de una cita amorosa y es muy eficaz.

La magia del Sol para adquirir dinero rápido

En una copa dorada se colocan seis dólares en moneda. Encima se les echa una mezcla de tierra y polvo dorado. Alrededor de la copa se colocan seis piritas. Al frente se enciende una vela dorada durante seis días. Luego se sacan las monedas de la copa y se gastan de inmediato para que el dinero fluya rápidamente. Las piritas se dejan cerca de seis bancos distintos. La tierra dorada se tira frente a la casa.

La magia del Sol para adquirir riquezas

Se consiguen seis citrinas grandes y cada una se envuelve en un billete de diez dólares. Se amarran bien con cinta dorada de modo que no se vea el dinero y se ponen al Sol durante seis días. Luego se colocan en círculo debajo del colchón de la cama. Esta magia es espectacular para atraer dinero en grandes cantidades.

La magia del Sol para la salud y para adquirir energías

La persona se acuesta boca arriba y se coloca un disco de ágata sobre la chakra del plexo solar, que está localizada en el medio de las costillas arriba del estómago. Sobre el disco de ágata se enciende una vela amarilla por un mínimo de media hora. Durante este tiempo la persona se relaja del todo y visualiza un rayo de luz solar que desciende del Sol hasta la llama de la vela. Esta luz se va extendiendo lentamente hasta rodear a la persona con un círculo de luz dorada brillante. Es importante no quedarse dormido durante este corto ritual ya que es muy relajante. Esta es una de las formas más eficaces que existen para energizar la chakra del plexo solar, la cual provee salud, además de prosperidad y abundancia.

La magia del Sol para calmar a un niño intranquilo o violento

Se colocan seis ágatas en un jarro de jugo de naranja. Se dejan en el jugo por 24 horas y luego se le da a tomar al niño un vaso del jugo todos los días. Cuando el jugo se termina, se puede repetir la magia. Esto es excelente para tranquilizar a los niños.

La magia del Sol para ayudar con problemas de la vista

El Sol rige las enfermedades de los ojos y por esta razón se utilizan sus magias para mejorarlas. Se hierve manzanilla en agua y se colocan compresas tibias de este líquido sobre los ojos. Sobre cada compresa se coloca una piedra del sol. Esto debe hacerse en un lugar donde el Sol ilumine a la persona, la cual debe estar acostada boca arriba.

La magia del Sol para ayudar con problemas de circulación o del corazón

La persona se acuesta boca arriba y se relaja del todo. Luego se coloca seis piedras del sol en forma de círculo sobre el pecho. Mientras está en esta posición visualiza que los rayos del Sol penetran todo su cuerpo, dándole salud y vitalidad. Ésta meditación debe hacerse de día en un lugar donde el Sol ilumine a la persona.

El incienso solar para la suerte

Se mezclan partes iguales de laurel, frankincienso, copal y canela y se queman sobre un carboncito encendido. Este incienso de exquisita fragancia se pasa por todo el hogar a diario y es excelente para mantener energías solares positivas alrededor de todas las personas que habitan en él.

25

Las piedras

y sus usos

Las piedras se pueden colo-car directamente sobre el área afectada o se pueden poner en agua, té o jugo por un mínimo de 24 horas y luego ingerir el líquido. La efectividad de estos tratamientos aumenta proporcionalmente con la frecuencia con que se usan.

Ágata: Excelente para aliviar enfermedades del estómago, del bazo, de los riñones, del colon y del hígado. También se usa para suavizar los efectos de terapia de radiación como rayos X. Esta piedra solar es muy popular se usa a menudo para la salud en general y para atraer la suerte en el dinero.

La variedad de ágata conocida como ágata azul o de encaje se usa para calmar el sistema nervioso y traer la paz y tranquilidad a una persona.

Alejandrito: Aumenta la auto-estima y ayuda a abrir y energizar las chakras del plexo solar y del corazón.

Amazonita: Ayuda a desarrollar la expresión artística, calma a las personas con tendencias autodestructivas y ayuda a comunicar con otras personas.

Ámbar: Ayuda a curar enfermedades del estómago, a fortalecer la memoria, y protege contra peligros y accidentes. Es muy popular en la magia del amor y del dinero.

Amatista: Esta piedra ha sido usada por muchos siglos para curar el alcoholismo, para reducir la tensión y el nerviosismo, para calmar la impaciencia y para conectar con fuerzas superiores. Es también excelente para desarrollar poderes psíquicos si se coloca todas las noches sobre la chakra de la corona.

Angelito: Se usa sobre la chakra de la garganta cuando se desea contactar al ángel guardián. También ayuda a llevar a cabo viajes astrales y rejuvenece y regenera los tejidos.

Aquamarina: Ayuda en alergias como el asma y problemas respiratorios. Es también usada para calmar y tranquilizar los nervios y para establecer relaciones armoniosas con otras personas.

Aventurina: Elimina temores y fobias y ayuda a disolver bloqueos en la chakra del corazón. Por siglos ha sido utilizada para controlar fiebres altas o inflamaciones. Es muy popular en asuntos de negocios y para mejorar la situación económica de la persona que la usa.

Azabache: Da grandes poderes de protección contra maleficios, celos, envidias y el llamado "mal de ojo". A menudo se usa en manitas cerradas con el pulgar entre el dedo índice y el del corazón para proteger a los niños.

Azurito: Desarrolla poderes psíquicos, da seguridad personal, reduce la depresión, la ansiedad y sentimientos de ira y frustración. También se usa para limpiar la piel y para reducir tumores.

Calcito: Excelente para fortalecer los huesos y aclarar la vista. También estimula el apetito y la sexualidad. Se usa en magias solares para adquirir salud y prosperidad.

Carnelia: También conocida como calcedonia, esta piedra ayuda a limpiar la sangre y los riñones, alivia los dolores menstruales y la artritis. En tiempos antiguos se usaba para sacar la fiebre por los pies.

Celestita: Calma los nervios y las tensiones y da serenidad y armonía. Excelente para aliviar la fatiga. Si se coloca sobre el entrecejo ayuda a contactar fuerzas celestiales.

Crisocola: Ayuda a perdonar ofensas y a aliviar problemas emocionales. Es una de las piedras que más se usan en magias amorosas.

Citrina: Da claridad mental, fortalece la memoria y da optimismo y seguridad propia. Reduce los temores, la ansiedad, la depresión y alivia problemas estomacales. Desintoxica el hígado, los riñones, los intestinos y el sistema urinario. Si se tienen varias citrinas de buen tamaño en la casa, traen la prosperidad y la abundancia.

Esmeralda: Fortalece la chakra del corazón y atrae paz, armonía, prosperidad y fidelidad. Es muy efectiva en problemas de respiración y muy popular en magias de dinero y del amor. Para mayor efectividad debe usarse sin pulir, en su estado natural.

Fluorito: Excelente para aliviar enfermedades del corazón si se coloca sobre la cuarta chakra. Da sentimientos de serenidad, paz y contento. Ayuda a aliviar problemas diarios, sobre todo en el lugar de empleo, por cuya razón muchas personas colocan un fluorito de buen tamaño en sus escritorios.

Granate: Esta piedra le pertenece a Saturno y al signo de Capricornio y se usa en magias para consolidar negocios, conseguir herencias y en la compra-venta de bienes raíces. Da grandes energías, pasión, sexualidad y fortalece la sangre y el sistema circulatorio.

Hematita: También de Saturno y Capricornio esta piedra magnética se usa para atraer la prosperidad en los negocios. Ayuda en la concentración y en los estudios, fortalece la memoria y cura el insomnio.

Jade: Excelente para la salud y para atraer el amor y el dinero. Si se carga continuamente encima ayuda a prolongar la vida. Da valor, poder mental y nutre el sentido de justicia y compasión en el ser humano. Protege el corazón, los pulmones y el sistema inmunológico, además de desintoxicar los riñones y la sangre.

Labradorito: Excelente para ayudar a conciliar el sueño. También se usa en muchas magias para ayudar a conseguir empleo o recibir aumentos y promociones.

Lapedolito: Calma la depresión y enfermedades mentales, las adicciones y fortalece el sistema de inmunidad. Se recomienda para desintoxicar la sangre, aliviar dolores artríticos y musculares y contra el cáncer.

Lapis lázuli: Calma la mente, las ansiedades y cura el insomnio. Muy popular entre escritores ya que ayuda en la concentración y promulga ideas originales y brillantes. Se usa muy a menudo en magias para atraer el dinero y la abundancia. Ayuda en problemas auditivos, de timidez, y es excelente para curar inflamaciones y especialmente migrañas o dolores de cabeza.

Malaquita: Excelente para fortalecer la chakra del corazón y ayudar en enfermedades del sistema circulatorio. Ayuda a disolver piedras de los riñones y estimula la clarividencia y la telepatía. Protege contra toda clase de peligros ya que estimula y despoja el aura de vibraciones negativas. Las pirámides de malaquita se usan para atraer el dinero, especialmente a través del juego. Una piedra grande de malaquita debajo del colchón de la cuna de un bebé lo protege de peligros y enfermedades peligrosas.

Meteorito: Si se coloca sobre el entrecejo ayuda a enviar mensajes telepáticos. Amplia las ondas mentales y muchas personas creen que ayuda a establecer contacto con seres extraterrestres.

Moldavito: Esta piedra es en realidad una variedad de meteorito, pero de mucho más poder y sutileza. Es de color verde translúcido y es excelente para desarrollar la intuición, la telepatía, la clarividencia y clariaudiencia, además de establecer contacto con entidades cósmicas. También ayuda a aliviar el asma y la epilepsia.

Obsidio: También de Saturno y Capricornio, esta piedra es excelente para anclar a la persona a la tierra cuando tiene tendencias suicidas. Es muy popular en magias para ganar casos de corte y para el dinero.

Onyx: Esta es una piedra de gran poder mágico y se usa para rechazar maleficios y vibraciones negativas.

Ojo de tigre: Da seguridad personal, fuerza de voluntad y triunfo en toda empresa. Ayuda en la digestión, desintoxica la sangre y fortalece los huesos.

Ópalo: Ayuda en visualizaciones y para tener sueños proféticos. No debe ser usado en joyas por ningún signo que no sea Libra pero es muy popular en muchas magias amorosas ya que es regido por Venus.

Peridot: Ayuda a prolongar la vida y a atraer la prosperidad. Los Incas lo utilizaban para curar enfermedades del corazón y de los pulmones. Alivia la depresión, la ansiedad y los celos.

Piedra de la Luna: Excelente para contactar fuerzas lunares, es el ingrediente principal en el néctar de levanah. Ayuda a desarrollar poderes psíquicos y alivia dolores menstruales.

Piedra de la Sangre: Excelente para purificar la sangre y para aliviar problemas del sistema circulatorio. Ayuda a controlar los síntomas de la diabetes y fortalece al corazón. También se usa en aceite de oliva con alcanfor para dolores artríticos y disolver tumores. Se usa en magias de protección y para ganar casos de corte.

Piedra del Sol: Da protección contra todo tipo de peligros, especialmente accidentes y prolonga la vida. Es una de las piedras más populares en la magia del dinero.

Pirita: Muy popular en magias para el dinero, la pirita también aclara la mente y fortalece la memoria. También ayuda a aliviar las úlceras estomacales, enfermedades de los intestinos y de la circulación. Se frota entre las manos después de meditaciones profundas para anclar las energías cósmicas.

Rodocrosito: Esta es una piedra de vibraciones muy sutiles, pero se considera la más poderosa para fortalecer y energizar la chakra del corazón. Es de gran ayuda para resolver problemas amorosos ya que permite un diálogo armonioso entre amantes. Es de gran popularidad en magias amorosas. Ayuda a desarrollar los poderes curativos en una persona si se usa a diario. También alivia la anorexia y controla el apetito.

Rubí: Debe ser usado sin pulir, en su estado natural, para más eficacia. Da triunfos sobre todo obstáculo. También reduce las infecciones, el colesterol y disuelve coágulos en la sangre.

Selenito: Excelente para atraer la buena suerte. Mejor conocido como el espejo de la luna, el selenito se usa para ver el futuro y para contactar fuerzas lunares.

Sodalito: Ayuda también a los escritores ya que promulga ideas originales y fortalece el sentido de la lógica. Excelente en todo tipo de comunicaciones. También alivia las quemaduras, la sinusitis y baja el azúcar en la sangre.

Topacio: Una de las piedras asociadas con Escorpión, el topacio aclara la mente, ayuda contra el insomnio, la fatiga y la depresión. Da grandes energías solares y desintoxica el hígado, el páncreas y la sangre.

Turquesa: Esta hermosa piedra azul claro fortalece la chakra de la garganta y ayuda en todo tipo de comunicaciones. También ayuda a balancear todo el sistema de chakras y el aura humana. Protege contra el "mal de ojo" y absorbe toda negatividad. También ayuda a combatir la depresión y alivia el dolor de cabeza, el asma, las infecciones y problemas con los dientes.

Turmalina: Esta es una de las piedras más poderosas en el reino mineral. Es electromagnética y transforma bajas energías en energías de orden cósmico. Fortalece el sistema nervioso y da una inmensa protección al que la carga consigo. La turmalina negra disipa toda energía negativa y neutraliza temores, resentimientos y obsesiones. También es excelente para limpiar los intestinos y en la eliminación de toxinas. La turmalina verde ayuda a aliviar enfermedades del corazón y de los pulmones, la angina de pecho y las migrañas. La turmalina rosa es de excelente ayuda contra el cáncer y el enfisema. Su poder se multiplica si se usa en combinación con el rodocrosito. La turmalina color melón es verde con tonos rosados y es excelente contra enfermedades del corazón y del sistema inmunológico. También ayuda a balancear el metabolismo y el sistema endocrino. Es una de las piedras de más poder para contactar fuerzas superiores.

Epílogo

Con la llegada del siglo XXI, el mundo ha entrado de lleno en la nueva era de Acuario. Esto significa que durante los próximos dos mil años vamos a ser profundamente influenciados por el planeta Urano, que es el regente de Acuario. Urano rige la ciencia, la tecnología, el átomo y todo lo que éste representa. Pero Urano también rige el intelecto y el misticismo. Por eso estamos siendo testigos de un gran florecer en la espiritualidad humana. Cada día más personas, conscientes de la crueldad de comer carne animal, se unen a la práctica del vegetarianismo. Crecientes números de personas meditan a diario y usan cuarzos y piedras para balancear sus auras. Padres guiados por sus conciencias despiertas llevan a sus niños de año y medio en adelante a tomar clases de yoga. Y tienen la gloriosa experiencia de ver a sus criaturas entrar en estado alfa en cuestión de minutos. Estos son niños privilegiados los cuales van a ayudar a la humanidad en su evolución cósmica.

El signo que acaba de salir y que ha sido reemplazado por Acuario es Piscis. Éste es también un signo de gran misticismo, cuyo símbolo más importante es el cristianismo. Pero Piscis es también un signo de grandes sufrimientos y grandes crisis. Su lección es la del dolor y del sacrificio, la cual es representada por Jesucristo, ya que Piscis se sumerge en el dolor y el sacrificio para salvar al mundo.

Acuario no se sacrifica por nadie. Acuario es pura lógica y raciocinio interaccionando con el poder mental. El misticismo de Acuario está basado en la energía cósmica del subconsciente. No es misticismo ciego ni fanatismo religioso. Es mentalidad dirigida de forma metódica y calculada a través de la puerta de la ciencia.

La magia de Piscis está basada en la fe y la esperanza. La magia de Acuario está basada en el conocimiento científico y el poder mental. Fe para acuario significa poder de voluntad. Esperanza significa determinación.

En este libro la magia de las piedras y los cristales ha sido presentada desde el punto de vista acuariano, es decir, del punto de vista científico a la vez que místico. Las piedras y los cristales interaccionan con el poder mental, con el subconsciente de la persona que las usa. Estos minerales son concentraciones extraordinarias de la energía universal, por eso piden ser usados como conductores y amplificadores de la energía mental de una persona.

Epílogo

Es mi mayor deseo que todos ustedes que han leído este libro reciban a través de él, el conocimiento necesario para establecer un contacto directo con sus subconscientes, los cuales son chispas de luz divina. Traten de encontrar esa fuerza cósmica universal en todo lo que les rodea. No sólo en las piedras y los cristales, sino también en los árboles, las platas, los ríos, el mar, la lluvia, el aire, los animales, los elementos y la tierra misma. Todo lo que existe es una manifestación del genio creador a quien debemos nuestra existencia y todo tiene conciencia, vida y conocimiento de su propia existencia porque todo proviene del átomo que es la base de todo lo que existe.

Deseo extender un saludo cariñoso a todos mis estudiantes. Mucho de lo que está en este libro ya se los había enseñado, pero mucho no. Así que siempre hay algo nuevo que aprender. Todas aquellas personas que tengan preguntas sobre los temas que he presentado en este libro o deseen unirse a mis seminarios en Nueva York, pueden hacerlo llamando al (212) 489–9457.

¿QUÉ LE GUSTARÍA LEER?

Llewellyn Español desea saber qué clase de lecturas está buscando y le es difícil encontrar. ¿Qué le gustaría leer? ¿Qué temas de la Nueva Era deberían tratarse? Si tiene ideas, comentarios o sugerencias, puede escribir a la siguiente dirección:

EvaP@llewellyn.com
Llewellyn Español
Attn: Eva Palma, Editora de Adquisiciones
2143 Wooddale Drive
Woodbury, MN 55125-2989 U.S.A.
1-800-THE MOON
(1-800-843-6666)

MANTÉNGASE EN CONTACTO…

Visítenos a través de Internet, o en su librería local,
donde encontrará más publicaciones sobre temas relacionados.

www.llewellynespanol.com